Título original: Hijos exitosos o Hijos fracasados
Primera edición: noviembre de 2019
Imagen de portada: Creada por Ángela Bermúdez

Dedicatoria

Al todo Poderoso, mi esposa, hijos y nietos, y sobre todo a los niños; a ellos les pertenece el Futuro.

PRÓLOGO

En este manual sobre ¿Hijos exitosos o fracasados? El autor penetra el tema desde sus raíces y logra explicar con expresiones impregnadas de claridad las nuevas estrategias, tendencias y conceptos relacionados con la protección inicial y permanente de nuestros hijos hasta la adolescencia. Hace énfasis en que en este proceso intervienen diversos factores, a saber: hogareños, educativos, religiosos, ambientales, económicos, genéticos y hasta étnicos. Sin embargo; el punto de partida, el empuje inicial, la constancia, el arraigo de valores, la alimentación, el calor humano, control médico, entre otros, es una responsabilidad básica e ineludible de los progenitores y su entorno familiar. Si los hijos viven con padres con actitudes positivas van adquirir confianza en sí mismo mientras desarrollan sus habilidades innatas.

Es así que el autor extiende su análisis, apoyado en sus experiencias docentes y científicas, y subraya la ausencia de orientaciones adecuadas para enfrentar y ejecutar con altura el rol de padres, ofreciendo al lector(a) estrategias, materiales y actividades convenientemente planificadas para revertir el fracaso en éxito.

Resueltamente, en esta dirección el manual ¿Hijos Éxitos o Hijos Fracasados? A través de nueve capítulos pone al alcance de los lectores las orientaciones y alternativas válidas para contemplar el crecimiento armónico de sus hijos descubriendo sus fortalezas, virtudes y sus esfuerzos se verán ampliamente compensados por el éxito; entendiendo el éxito como la realización de hijos e hijas responsables, positivos, fuertes, saludables, siempre competitivos para lo grande. Repito: ¡Exitosos!

Y como dijo el ilustre poeta chileno Pablo Neruda: "Queda prohibido no buscar la felicidad... no pensar en que podemos ser mejores."

Los niños son y será lo que los adultos quieran que sean, siempre que se planifique desde la misma concepción, las estrategias, el ambiente y las experiencias necesarias para lograr hombres brillantes, felices, éticos y con valores.

Cada niño es un ser único, es un individuo que tiene una personalidad, preferencias y conductas definidas, por lo que no existe una sola estrategia que sea igual para todos.

Pero lo que si es cierto es que cada niño necesita una rutina estructurada durante todas las etapas de su desarrollo para que su vida sea predecible segura y grandiosa.

No debemos olvidar que nosotros somos los adultos significativos, padre, madre y familia y que es nuestra responsabilidad llevarlos por el camino correcto, ya que somos el modelo, por lo tanto debemos contar con las herramientas más acordes, sin olvidar nunca que la más importante es el amor.

Pedagogo Ramón I Carvajal

INDICE

PRÓLOGO 3

INTRODUCCIÓN 7

¿POR QUÉ ES IMPORTANTE LOGRAR EL ÉXITO EN LA VIDA DE TU HIJO? 8

CAPÍTULO PRIMERO 12

DESDE LA CONCEPCIÓN AL NACIMIENTO 12

CAPÍTULO SEGUNDO 22

EL NACIMIENTO 22

CAMBIOS 34

GUÍA SOBRE EL DESARROLLO DEL LENGUAJE 40

CAPÍTULO TERCERO 41

DESARROLLO INFANTIL A LOS 12 MESES 41

DESARROLLO INFANTIL A LOS 15 MESES 41

DESARROLLO INFANTIL A LOS 18 MESES 42

DESARROLLO INFANTIL A LOS 24 MESES 43

¿CÓMO SE PUEDE TRABAJAR EN CASA? 48

DESARROLLO SEXUAL DEL NIÑO DE 0 A 2 AÑOS (FASE ORAL) 55

DESARROLLO PSICOLÓGICO DEL NIÑO DE 2 A 3 AÑOS 59

DESARROLLO SEXUAL DEL NIÑO DE 2 A 4 AÑOS (FASE ANAL) 62

MODELO DE EVALUACIÓN DEL DESARROLLO DEL NIÑO DE 3 AÑOS EN LAS DIFERENTES ÁREAS 65

CAPÍTULO CUARTO 69

DESARROLLO SOCIAL DEL NIÑO DE 3 A 4 AÑOS 69

DESARROLLO PSICOLÓGICO DEL NIÑO DE 5 A 6 AÑOS 73

DESARROLLO SEXUAL (FASE FÁLICA) 74

DESARROLLO PSICOLÓGICO DEL NIÑO DE 6 A 7 AÑOS 78

¿CÓMO PODEMOS AYUDARLES? 80

¿CÓMO EDUCAR A TUS HIJOS DE ACUERDO A SUS PROPIAS CONDUCTAS Y ACCIONES? 82

¿CÓMO ENFRENTAR LOS TRASTORNOS DE CONDUCTA DE LOS NIÑOS? 84

DESARROLLO PSICOLÓGICO DEL NIÑO DE 7A 8 AÑOS 86

DESARROLLO PSICOLÓGICO DEL NIÑO DE 8 A 9 AÑOS 87

PSICOEVOLUTIVOS DEL NIÑO A LOS 9-10 AÑOS 89

DESARROLLO PSICOLÓGICODEL NIÑO DE 9 A 10 AÑOS 92

DESARROLLO SOCIAL DEL NIÑO DE 9 A 10 AÑOS 93
CAPÍTULO QUINTO..99

LA ADOLECENCIA DE LOS 12 A LOS 15 AÑOS.......................99
CARACTERISTICAS PSICOLOGICAS DEL ADOLESCENTE 99
AUTOESTIMA E IMAGEN PERSONAL DEL ADOLESCENTE 107
COMUNICACIÓN EFECTIVA...110
¿CÓMO ENFRENTAR ENTRE PADRES E HIJOS LOS CONFLICTOS DE LA
ADOLESCENCIA? 111
CAPÍTULO SEXTO..113

TEMAS TRANSCENDENTALES PARA LA PREVENCIÓN Y
FORMACIÓN DE NUESTROS HIJOS...................................113
SIETE PASOS PARA EVITAR EL ABUSO SEXUAL INFANTIL: 113
LA IDENTIDAD SEXUAL, ¿CÓMO ENFRENTARLA? ¿QUÉ HACER FRENTE A LA
IDENTIFICACIÓN SEXUAL NO ACORDE A LA NATURALEZA DEL NIÑO O NIÑA?
....116
CAPÍTULO SEPTIMO 117

LAS VIRTUDES HUMANAS Y SU IMPORTANCIA EN EL DESARROLLO
DE DEL NIÑO EXITOSO 117
INTERACCIÓN DE ALGUNOS VALORES CON EL RESPETO 119
INTERACIÓN DE ALGUNOS CONTRAVALORES CON EL RESPETO119
CAPÍTULO OCTAVO 123

EL ACOSO ESCOLAR O BULLYING Y SUS CONSECUENCIAS EN LA VIDA DEL NIÑO
Y ADOLESCENTE 123
¿CÓMO PREVENIR EL BULLYING? 127
CAPÍTULO NOVENO..129

LO QUE LA ESCUELA "NO" ENSEÑA...................................129
SOBRE EL AUTOR...133

Alexis Bermúdez Carvajal

Hijos exitosos Hijos Fracasados

INTRODUCCIÓN

Indudablemente el Éxito o fracaso de nuestro hijo va a depender de muchísimo factores pero muy particularmente de la condicione ambientales, afectiva, de salud que le ofrezcamos desde el mismo momento que decidimos traerlo al mundo. Desde su concepción. Ya sea mediante un acto planificado o no.

Un hijo será lo que nosotros como padres queramos que sea.

Nadie produce mayor impacto en el crecimiento y desarrollo de un niño que sus propios padres y la familia en su conjunto, de ello precisamente trata este libro de facilitarle a los padres los conocimientos ,herramienta y estrategia para que nuestro hijo alcancen el éxito, pero no precisamente el que se refiere a un plano netamente profesional, sino más bien en el plano personal –social que conlleva indudablemente al plano espiritual, y de liderazgo en toda la esfera de su desempeño tanto en su niñez ,adolescencia y posteriormente como adulto.

Los fundamentos de una buena crianza están conectados, no solo el amor, como el poder maravilloso y no simplemente como una abstracción, sino también como una fuerza dinámica y tangible que nunca disminuya cuando se trata de los hijos, nos da la fuerza y la seguridad infinita para desafinarnos, desafiar a los demás para que cambiemos y crezcamos; igualmente una buena crianza debe estar cimentada en pilares firmes de conocimientos científicos probados. Los padres y la familia en general tienen una poderosa influencia sobre la estructura básica del comportamiento durante los primeros años de nuestra vida, en lo cognitivo, afectivo, lenguaje y psicomotor.

Para abordar la crianza de los hijos debemos aceptar que los padres somos los protagonistas claves, y que junto con las muestras, familia y sociedad en general debemos asumir una aptitud responsable para entender que a los niños no solo hay que alimentarlos y cuidarlos; sino también educarlos e inclusive desde su concepción y en las diferentes etapas de su desarrollo de vida.

Para algunos, el éxito puede ser ascender en la escalera profesional o dirigir un negocio exitoso. Para otros, el éxito podría ser encontrar a su alma gemela y tener una familia, para otros el éxito en la vida puede ser alcanzar objetivos deportivos o educativos o artísticos que se han fijado para sí mismos, e incluso para algunos el éxito podría ser dedicar su vida a ayudar a los demás o las luchas sociales.

Todas estas visiones son totalmente correctas. Porque el éxito para ti es lo que te hace feliz y te apasiona. El éxito en la vida significa creer en aquello que se ama y luchar por ello, pero para tener éxito se requiere que desde la concepción, el niño o niña cuenten con condiciones óptimas para un desarrollo integral a través de las diferentes etapas de su crecimiento y evolución.

El éxito en la vida es un estado espiritual magnífico. Para que ese éxito anhelado se materialice, en tu hijo deberás tener, enfoque, voluntad, perseverancia, creatividad, conocimiento para encausar a tu hijo, protegiéndolo, formándolo, satisfaciendo su necesidades y apoyándolo en toda la etapa de su crecimiento, sin olvidar que tú y la familia son el modelo.

¿Por qué es importante lograr el éxito en la vida de tu hijo?

Mejora su seguridad y autoestima, aumentando su autoconfianza, desarrollando sus valores.

Cuando tu hijo logra el éxito en sus diferentes etapas de crecimiento implica que existe en su interior un estímulo poderoso que va a favorecer, mejorar su propio mundo y la vida de otras personas. Recuerda que no puede existir éxito en la vida sin un estado espiritual de respaldo. De allí que a tu hijo debes desde un primer momento encauzarlo en un mundo de fé, de valores y principio trascendente.

El potencial humano es maravilloso y ello lo posees. Para que puedas descubrirlo es necesario encontrar el tesoro en su interior que le permita alcanzar una vida llena plena y satisfactoria. El aumento de potencial significa: mejor organización personal, aumento de capacidades, más conocimiento, dominio de diversas técnicas de autocontrol, eliminación de hábitos negativos, disciplina, etc.

Mejora la calidad de vida de tu hijo. Cuando logre un hijo exitoso entonces mejora la vida individual y también el mundo general. Y logrará la materialización de sus sueños, Con el éxito en la vida vendrá, la eficiencia, mayor disponibilidad de tiempo, la creatividad, los retos y la mejora continua. Todo esto le ayuda a ser más feliz.

El fin primordial de todo ser humano es la autorrealización. Tu misión en esta vida como padre, como madre es lograr la autorrealización de tu hijo, amor, paz, felicidad, formación profesional, valores éticos y morales. Esos buenos sentimientos ocasionarán iluminación en su vida, puede ser a través de las ciencias, el arte, la música, la escritura, etc. Pero es muy importante encontrarlos con ellos, el tiempo transcurre, la vida pasa rápidamente y no hay vuelta atrás. Para lograr el éxito en tu vida, en los diferentes roles que te tocarán desempeñar como en la de tu hijo es necesario apelar a fuerzas que están más allá de lo obvio y de la consciencia.

El fracaso en contraposición al éxito conlleva a que los niños, adolescentes y posteriormente en su vida adulta manifiesten una serie de conflictos emocionales, espirituales, psíquicos y de trastornos de la conducta, bajo rendimiento escolar y dificultades para la integración escolar, familiar y profesional lo que conlleva a un estado de frustración y desempeño deficiente en los diferentes roles que le tocará vivir.

"Quieres Hijo Exitoso o Fracasado"

Te invitamos a leer, internalizar y aplicar las herramientas y conocimientos que te ofrecemos para tener hijos EXITOSOS. El propósito de este libro es ofrecer una guía práctica a todos aquellos que se encuentren en esas circunstancias de ser papás o están en la espera de serlos. El objetivo fundamental es ofrecer una guía una ayuda razonada y concreta para que tus hijos sean exitosos en todas las etapas de su vida.

Para ello, los padres deben estar provistos de los conocimientos, no solo los que provienen de la condición humana, abrigo, alimentación y cuidado, sino también de la formación integral ¡Sin olvidar! Que cada niño es un ser único, con una personalidad, preferencias y aptitudes propias; por lo que no existe una estrategia igualitaria para todos, indagar sobre lo que más le favorece a cada uno de ellos es vital, así los padres podemos planificar las estrategias para cada una de sus etapas.

Cuando los padres se proponen enfrentar el reto de criar a sus hijos con bases científicas probadas y tomando en cuenta los estudios e investigaciones que se han hecho en los diferentes momentos de la evolución del hombre, están más aptos para lograr hijos exitosos y no fracasados, los ayudaran a manejar sus emociones y frustraciones, dando un gran avance a su desarrollo emocional; alegría, tristeza, rabia, impotencia, emociones físicas, hambre, sed, calor, frio, etc. Está demostrado que los niños anticipan "el estado de amor propio y el de las encargadas de sus cuidado" desde los catorce meses y tan pronto logran la evolución del lenguaje, comienzan a hablar de sentimientos, e integrarse socialmente al mundo que les rodea, interactuando con otros, logrando el sentimiento de respeto por sí mismos y por los demás, estableciendo expectativas y valores relacionados con su propio yo.

Vivimos una época de cambios acelerados, tanto tecnológicos como humanos, y es necesario que los padres, cuenten con los conocimientos y herramienta para enfrentar el reto de criar hijos sanos, íntegros y felices, con la superación del temor, y la paz mental, la capacidad de amar, tener confianza en sí mismo y en los demás.

Louis Legrand, filósofo, la escuela nueva a la infancia, dice que: << Nos conviene establecer una educación integral, solo susceptible de proporcionar las condiciones favorables al desarrollo mental y al desenvolvimiento de la personalidad. >>

No encontrara el lector un tratado de teorías sino una metodología práctica fundamentada en experiencias, vivencias y actividades previas que hemos tomado de la vida diaria, que muchas de ella han sido objetos de investigación y aplicación con resultados extraordinarios, además de ilustrarnos desde el punto de vista científico sobre el proceso de crecimiento y desarrollo del individuo como tal.

Sabemos que será un material útil para la reflexión de tu papel como Madre y Padre y el rol que les tocará desempeñar para tener hijos exitosos. La obra está dividida en Nueve Capítulos, cada uno de las cuales posee un propósito definido en cuanto a conocimientos y aplicación de estrategias y actividades para una formación integral de tus hijos.

De allí que cada capítulo del libro abordará metodológicamente con un lenguaje sencillo y directo de las diversas etapas de la vida del ser humano y las múltiples estrategias que debemos aplicar para que nuestros hijos sean exitosos, sanos, productivos, socialmente integrados, estables y con herramientas para la superación, capaces de recibir y dar amor.

<< El niño vale por sí mismo y el acto de educación debe precisamente preservarse y permitir la afirmación >> Esta actitud se basa en su justificación en la afirmación de una inconsciencia propia de la infancia.

> "Son sabios los padres que
> conocen a sus propios Hijos".
> **William Shakespeare**.
> El mercader de Venecia

CAPÍTULO PRIMERO
DESDE LA CONCEPCIÓN AL NACIMIENTO

Los niños serán realmente exitosos si como padres, familia y comunidad atendemos su desarrollo integral desde el mismo momento de su concepción, brindándole todo el apoyo y amor que él necesita para crecer sano, fuerte, vigoroso, tanto física como psicológicamente de lo contrario estaremos abonando el terreno para que se produzca el fracaso.

Por lo que estaremos comprometiendo su integridad como niño y después como adulto porque al no atender adecuadamente sus necesidades y requerimientos de alimentación, apoyo, comprensión, amor, orientación, formación, valoración y respeto durante las diversas etapas de su desarrollo psicológico, físico, social, espiritual lo estaremos condenando a una vida de carencias y limitaciones que le llevarán a tener barreras de todo tipo, como persona en su vida adulta.

Madre, los niños son y deben considerarse como seres unitarios al que se debe procurar atender en forma integral en todas las etapas de su vida desde su concepción hasta la Adolescencia y más allá. Ese niño, esa pequeña semilla que concebiste en un acto de amor, de entrega, muchas veces en un encuentro no planificado y aún en contra de tu voluntad más íntima, tiene derecho a crecer en tu vientre con las mejores condiciones de afectividad y estabilidad emocional, con un clima socio afectivo que le garantice un desarrollo armónico, con mucha paz, con aliento, con estimulación adecuada, con amor, esperanza y con alegría.

Él está allí desde un primer momento viviendo cada acto de tu vida, cada acontecimiento, tus rabias, tus alegrías, tus conflictos, tu estrés. El amor o el desamor, nada le es ajeno, todo lo perturba, todo lo inquieta, todo lo padece, todo lo siente intensamente, sí lloras él lo vive, sí sufres él sufre, la pregunta es, qué debes hacer como madre, cuál es el camino a seguir para asegurar que esa criatura, que ese maravilloso niño que ha comenzado a crecer dentro de ti tenga las mejores condiciones, el mejor ambiente, la mayor esperanza, el mayor éxito.

Apliquemos entonces las estrategias de supervivencia que garanticen en primer lugar un contexto emocional sano, estable, de equilibrio coherente, sin perturbaciones lo cual debe comenzar por la aceptación del embarazo por parte tuya y de tus seres significativos más inmediatos, padre, tíos, abuelos, vinculando su origen a una bendición, a una esperanza, llenándote de alegría, de felicidad plena, de reafirmación de tu propia existencia para lo cual debes tener ánimo, alegría, disfrute íntimo, incorporando a tu grupo familiar y explicando a tus menores hijos si los tienes, que está en camino un nuevo miembro de la familia haciéndolos participé de todas las experiencia inculcando en ellos el amor, para cooperar, compartir e interactuar armónicamente en todo el proceso de tu gestación.

Nunca fomentes las rivalidades ni las preferencias entre tus hijos, ni los compares con el que va a nacer al contrario muéstrale tu barriga, deja que la toquen, enséñales a amar al nuevo miembro de la familia, usa una orientación flexible y responde a sus preguntas.

En segundo lugar debes estar vinculada al conocimiento de tu propio cuerpo, de tu fisiología, una evaluación precisa y amplia sobre tu estado de salud por el médico especialista van a constituir una garantía de un embarazo feliz, no todo los defectos congénitos pueden evitarse, pero tú mujer puedes actuar de forma que aumentes las posibilidades de tener un bebé saludable. Muchos defectos congénitos suceden muy al comienzo del embarazo. Antes que todo debes de poner en prácticas algunas reglas básicas para que tu embrazo logre un feliz término tanto para él bebé como para ti. Tome en cuenta las siguientes recomendaciones.

Cosas que "NO" debes hacer durante el embarazo para garantizar que tus hijos nazcan sanos, recuerda que de ti depende su evolución durante los meses que dure la gestación.

... Hijos sanos serán hijos exitosos, hijos saludables.

"Estoy embarazada". Esa es la primera expresión de muchas mujeres cuando se enteran de que serán madres. Desde que confirmen tu estado, el único propósito es cuidar la salud de tu bebé, que debe comenzar por cuidar la tuya y con toda razón, tener un hijo te permite tu realización como Madre.

Además de los cambios físicos y mentales, las mujeres embarazadas deben modificar sus hábitos no solo para garantizar el bienestar de su hijo sino también el de ellas mismas.

Estos cambios no significan que exista un peligro extremo sino que funcionan como una medida preventiva, por lo que te sugerimos.

No ingiera alimentos crudos o que han sido expuestos a bacterias.
Este tipo de alimentos favorecen que cualquier mujer embarazada desarrolle infecciones, lo que podría afectar al niño. Algunos de esos productos son: Quesos no pasteurizados, jugo de frutas no pasteurizadas, huevos crudos, pescado, carne, mariscos, patés o comidas no procesadas.

No Ingerir bebidas alcohólicas.
Llámese vino, cerveza, whisky, Ron o de cualquier tipo. Se recomienda evitar por completo la ingesta de estas bebidas. El consumo de estas bebidas aumenta las posibilidades de que el bebé desarrolle síndrome alcohólico fetal.

No Fumar cigarrillo, tabacos u otra sustancia. Fumar es siempre malo para tu salud, pero es aún más dañino durante el embarazo porque no solo te hará daño a ti sino también a tu bebé. Si fumas mientras estás embarazada aumenta el riesgo de que tengas un aborto espontáneo o que tu bebé nazca sin vida.

También aumenta en un 25% la probabilidad de que tu hijo sea víctima del síndrome de muerte súbita infantil **(SIDS por sus siglas en inglés)** después de nacer. Por eso dejar de fumar ahora es esencial para proteger a tu bebé.

Además de los principales infortunios mencionados arriba, fumar aumenta la probabilidad de que sufras otras complicaciones en el embarazo que podrían ser muy serias, como: un embarazo uterino utópico, un desprendimiento de la placenta, que es cuando la placenta se separa de la pared del útero, sangrados vaginales, un parto prematuro y un bebé que pese poco al nacer.

Los bebés cuyas madres fumaron durante el embarazo son, en promedio, mucho más pequeños al nacer que los de las mujeres que no fuman. Esto es muy serio porque el bajo peso del bebé es uno de los principales factores asociados con enfermedades, posibles discapacidades e incluso el riesgo de que nazca sin vida. Si usted fuma, debe tratar de no hacerlo más. El humo secundario también puede ser nocivo para la madre y su bebé en crecimiento. Es una buena idea pedir a las personas que estén a su alrededor que no fumen durante su embarazo y después del nacimiento del bebé.

No Tomar café o bebidas que contienen cafeína.

Las investigaciones demuestran que ingerir más de una taza y media al día favorece las contracciones e incrementa el riesgo de padecer un aborto. Si eres amante del café, la recomendación es dejarlo de forma gradual o probar las opciones descafeinadas. Recuerda que este "ingrediente" lo encuentras en el té negro o verde y refrescos gaseosos entre otros.

Prohibido remover excrementos de gato.

Durante el embarazo está totalmente prohibido tener contacto con heces de este animal. Si lo haces, corres el riesgo de adquirir una infección llamada toxoplasmosis. Algunas de las consecuencias de esta enfermedad son: parto prematuro, problemas con el crecimiento normal del feto, lesiones cerebrales y en la vista del pequeño.

No consumas edulcorantes artificiales.

Lo más conveniente es reducir la ingesta de edulcorantes durante los 9 meses de gestación. Ya sabes que los ejercicios son ideales para tener un embarazo pero, sobre todo, un parto exitoso. Pero aquellos de alto impacto están totalmente prohibidas como: sentadillas, levantar pesas, abdominales y deportes de contacto como fútbol, voleibol o baloncesto.

Baños calientes.

Si serás madre pronto, limita actividades como la sauna o un jacuzzi caliente. Aunque relejan, estos hábitos provocan problemas en el bebé. Evita bañarte con agua muy caliente y exponerte al sol.

Masticar chicle.

Durante el embarazo, algunas mujeres como tú suelen consultarle a su ginecólogo sobre su sensibilidad dental. Uno de los errores que promueven ese malestar es masticar chicle. Además de dañar tus dientes, dan lugar a amalgamas.

Además deberás tomar en cuenta las Orientaciones Universales sobre el cuidado de la salud de la Mujer embrazada y en consecuencia del Niño que ha sido procreado y que requiere que tú como futura Madre tengas una salud Excelente.

Ingiera diariamente 400 microgramos de ácido fólico tanto antes como durante los primeros meses del embarazo para reducir el riesgo de defectos congénitos del cerebro y la espina dorsal. Todas las mujeres que tienen la posibilidad de quedar embarazadas deberían tomar a diario una vitamina con ácido fólico. Es también importante observar una dieta saludable con alimentos enriquecidos (productos a base de cereales, incluidos el arroz, el pan y fideos enriquecidos) y alimentos con fuentes naturales de ácido fólico (jugo de naranja, legumbres de hojas verdes, frijoles, maní, brócoli, espárragos, arvejas y lentejas).

Beba más líquidos (agua es mejor) durante el embarazo para ayudar a su cuerpo a compensar el aumento del volumen de sangre. Beba al menos 6 a 8 vasos diarios de agua, jugo de fruta o leche. Una buena manera de saber si está bebiendo suficiente líquido es si su orina aparece de un color claro, casi como el agua, o de un color amarillo muy pálido

Coma alimentos saludables para que usted y el bebé que va a nacer tengan los nutrientes que necesitan. En sus comidas debe incluir los cinco grupos de alimentos básicos. Usted debería ingerir cada día lo siguiente: 6-11 raciones de cereales, 3-5 raciones de legumbres, 2-4 raciones de fruta, 4-6 raciones de leche y productos lácteos, 3-4 raciones de carne y alimentos proteínicos. Los alimentos con bajo contenido de grasa y alto contenido de fibra son importantes para una dieta saludable.

Las Drogas lícitas tales como el alcohol y el café son consideraciones importantes para la mujer embarazada. No existe cantidad de alcohol sin riesgo que una mujer puede beber estando embarazada. El síndrome de alcohol en el feto ocasiona trastorno caracterizado por un crecimiento retardado, anormalidades faciales y disfunción del sistema nervioso central, esto lo causa el consumo de alcohol de una mujer durante su embarazo. La cafeína, que se encuentra en el té, el café, las bebidas no alcohólicas y el chocolate y las gaseosas, también deberían limitarse. No deje de leer las etiquetas si está en plan de reducir la cafeína durante el embarazo. ¡Más de 200 alimentos, bebidas y medicamentos comprados sin receta contienen cafeína!

Evite exponerse a sustancias tóxicas y productos químicos, tales como disolventes de limpieza, plomo y mercurio, algunos insecticidas y pintura. Las mujeres embarazadas deben evitar exponerse a emanaciones de pintura. Para mayor información, refiérase a las prácticas saludables al pintar interiores.

Las pruebas Genéticas han de efectuarse adecuadamente. Es importante conocer su historial familiar. Si ha habido problemas de embarazo o defectos congénitos en su familia, comuníqueselos a su médico. Además, los orientadores genéticos pueden proporcionarle la información que podría necesitar para decidir sobre si tener hijos o no. Puede comunicarse con un centro médico situado en su área para que le ayude a encontrar un orientador genético certificado.

Haga el intento de unirse a un grupo de apoyo para futuras mamás o participe en una clase sobre maternidad o parto.

Ingiera 30 miligramos de hierro durante su embarazo, como lo prescriba su médico, para reducir el riesgo de anemia más tarde en el embarazo. Todas las mujeres en edad de procrear deben observar una dieta rica en hierro.

Jamás supere sus limitaciones. Informe a su médico si experimenta una de las condiciones siguientes: dolor de cualquier clase, cólicos fuertes, contracciones uterinas a 20 minutos de intervalo, sangrado vaginal, pérdida de líquido amniótico, mareos, desmayos, respiración difícil, palpitaciones, taquicardia (latidos acelerados del corazón), náusea o vómitos constantes, dificultades al caminar, edema (hinchazón de las coyunturas) o si su bebé manifiesta menor actividad.

Cuide los Kilos. El exceso o falta de peso durante el embarazo puede generar problemas. Antes del embarazo, trate de alcanzar un peso que oscile dentro de las 15 libras de su peso ideal antes del embarazo. ¡Recuerde, el embarazo no es un periodo para hacer dieta! No deje de comer ni comience a omitir comidas cuando suba de peso. Tanto usted como su bebé necesitan calorías y la nutrición de una dieta saludable. No deje de consultar a su médico acerca de la dieta que debe observar.

Lavarse las manos a lo largo del día es importante, en especial después de tocar carne cruda o utilizar el cuarto de baño. Esto puede ayudar a prevenir la propagación de muchos virus y bacterias que causan infecciones.

La Lactancia es la opción más saludable tanto para usted como para su bebé. Hable con su médico, su familia y sus amigos, así como con su empleador sobre la forma que ha escogido para alimentar a su bebé y cómo pueden ellos apoyar su decisión.

Condiciones Médicas tales como la diabetes, la epilepsia y la alta presión arterial deberían tratarse y mantenerse controladas. Pregunte a su médico si necesita cambiar o graduar algún medicamento durante el embarazo. Si está tomando algún medicamento, pregunte a su médico si no presenta riesgo seguir tomándolo durante el embarazo.

También hable con él de cualquier hierba o vitamina que esté tomando. ¡Son medicinas también! Hable con su médico de todos los medicamentos, comprados con y sin receta, que esté tomando.

Nunca tenga miedo de preguntar a su médico o profesional de atención médica acerca de su salud. Es mejor tomar todas las precauciones y plantear todas las interrogantes o preocupaciones que pueda tener.

La Organización es clave. Su bebé le ama y usted debería demostrarle que usted también le ama. Proporcione a su bebé un entorno saludable de vida mientras dure el embarazo. Los lactantes y los niños requieren atención u orientación constantes. Su salud y seguridad deben observarse cuidadosamente en todo momento.

La Propensión a la náusea, las molestias estomacales y los malestares matutinos son comunes durante el embarazo. Las comidas que normalmente le gustan pueden darle asco. Puede necesitar cambiarlas por otros alimentos nutritivos. Cinco o seis comidas livianas al día pueden sentarle mejor que tres comidas grandes.

Que quede en constante contacto con su médico y no deje de recibir atención prenatal tan pronto como piense que está embarazada. Es importante visitar a su médico regularmente a lo largo del embarazo; por lo que, asista a todas las citas de atención prenatal.

Los remedios para la tos y el resfriado comprados sin receta pueden contener alcohol u otros ingredientes que deberían evitarse durante el embarazo. Pregunte a su proveedor de atención de salud acerca de los medicamentos comprados con y sin receta que esté tomando o que considere tomar estando embarazada.

Los Saunas, las bañeras y las habitaciones de vapor deben evitarse mientras esté embarazada. El calor excesivo puede perjudicarle durante el embarazo.

La Toxoplasmosis es una infección causada por un parásito que puede ser sumamente nocivo para el bebé que va a nacer. Evite comer carne insuficientemente cocinada y manipular excrementos de gato. Asegúrese de ponerse guantes al efectuar labores de jardinería.

El tamaño del Útero aumenta durante el primer trimestre, lo cual, conjuntamente con un funcionamiento más eficaz de los riñones, pueden hacerle sentir la necesidad de orinar más a menudo. También puede escapársele orina al estornudar, toser o reírse. Esto se debe a que el útero en crecimiento presiona la vejiga, que se encuentra directamente frente al útero y ligeramente debajo de éste durante los primeros meses del embarazo. Si siente ardor y deseo de orinar con frecuencia, no deje de comunicárselo a su médico.

Las Vacunas constituyen una preocupación importante para la mujer embarazada. Hágase poner las vacunas que necesite antes del embarazo. Las recomendaciones de los Centros Para el Control y la Prevención de Enfermedades (CDC, por su sigla en inglés) son claros acerca del uso de vacunas durante el embarazo. Revise la lista y asegúrese de hablarlo con su médico.

Evite los rayos X. Si necesita hacerse trabajo dental o pruebas diagnósticas, informe a su dentista o a su médico que está embarazada para que tengan aún más cuidado.

La práctica de Yoga, las caminatas, la natación y el ejercicio en una bicicleta fija son por lo general ejercicios sin riesgo para las embarazadas. Sin embargo consulte siempre con su médico antes de empezar cualquier clase de ejercicio, en especial durante el embarazo.

Duerma, asegúrese de descansar bien. Es aconsejable acostarse de lado lo más a menudo posible, en particular sobre el lado izquierdo, porque esa posición permite una mejor circulación para su bebé y ayuda a reducir la presión.
"OMS, Organización Mundial de la Salud, Boletín 2017".

Las condiciones ambientales adecuada es otro elemento a tomar en cuenta un ambiente higiénico y confortable, libre de contaminación tanto de agentes químicos, físicos o sónicos, el manejo cuidadoso de los productos de limpieza usando guantes preferiblemente, usar tapa boca para evitar la inhalación de agentes tóxicos, polvo y evitar todo material audiovisual que generen angustia o estrés. Cómo películas de violencia, terror o música estridente.

Este es uno de los primeros pasos a cumplir sí y solo sí quieren tener hijos EXITOSOS, hijos sanos, saludables, te recomendamos igualmente que practiques yoga durante el embarazo. Ya que obtendrás inmejorables resultados tanto para tú persona como para el bebé.

"Son raras las veces que las futuras mamás se dedican tiempo a sí mismas. Una de las ventajas más grandes de practicar yoga durante el embarazo es que es tiempo para ti, tu cuerpo y el de tu bebé".

Te ayuda a aceptar los cambios en tu cuerpo. "Beneficia tú equilibrio, físico y emocional. El yoga es el mejor "deporte" para embarazadas. Los ejercicios son suaves y fluidos exigentes.

Con una práctica continuada tonificarás los músculos, mejorará tu flexibilidad y equilibrio, y ayudarás a una mejor circulación sanguínea. Gran parte de la atención irá también a la zona del perineo para facilitar el ensanchamiento de la pelvis llegado el momento.

Hay que evitar las posturas más extremas y adecuarse a lo que te pida el cuerpo. Poco a poco irás notando cómo los ejercicios mejoran actividades cotidianas como darse la vuelta en la cama o agacharse sin dificultad, también es una buena manera de entrenar nuestra mente para frenar la ansiedad con meditación, y vivir el momento.

El yoga es una fuente de energía vital inagotable para ti y para tu bebé. Igualmente es muy favorable para ti y tu bebé realizar pequeñas caminatas diariamente por lo mínimo 1km y no permanecer sentada más de 2 horas continuas.

Si Pones en prácticas las recomendaciones de este primer capítulo estará abonando los primeros pasos para tener hijos Saludables y EXITOSO.

Adelante no te detengas!

CAPÍTULO SEGUNDO
EL NACIMIENTO

...Ha nacido él Bebé, un diamante en bruto, que como madre debes comenzar a pulir, para ello debe llenarte de paciencia y más paciencia, asesorarte con el pediatra para obtener de ese bebé las aristas de colores que tanto enternecen, para remar con fuerzas y con los cuidados para llegar al punto donde la interacción familiar y el ambiente nos va a permitir llevar a un máximo nivel de felicidad a ese niño.

Recuerda que todos los niños no son iguales en sus patrones de comportamiento, los niños pueden variar en su energía y necesidades de movimientos, en algunos sus reacciones emocionales son más moderadas, otros son más inestables, una vez que él ha nacido hay que considerar una serie de factores que son fundamentales para un desarrollo sano del mismo. En este primer año destacan las funciones biológicas de auto conservación.

En el primer año de vida la figura materna (que suele ser la madre, pero puede ser también la abuela, la niñera o quién pase la mayor parte del tiempo con el niño) es la que tiene el papel fundamental en el desarrollo armónico del bebé.

El recién nacido considera a la madre como una prolongación de sí mismo, fuente de satisfacción de sus propios deseos y Necesidades.

La madre le proporciona ante todo nutrición física: pecho o biberón, lo importante es que lo coja en brazos con cariño mientras lo alimentas. De forma que el niño perciba el contacto físico con ella como gratificante. Que le hable pausadamente, lo alabe e estimule. La Presencia constante de esta persona adulta, interviniendo positivamente le trasmitirá estabilidad emocional y psicológica.

Cada vez que el niño encuentra una dificultad (está con sueño o tiene hambre o quiere que le cojan o que le cambien), debes ayudarlo en la superación de sus miedos y en el logro de sus objetivos, favorece que el niño desarrolle un sentimiento de seguridad. De esta forma, la madre integra con sus actos (suaves, amorosos y pacientes) las capacidades todavía muy limitadas de su hijo. La relación inicial que se crea entre madre e hijo es muy importante para el bebé, ya que servirá de "modelo" para otras relaciones futuras.

A parte de la nutrición física, la figura materna proporciona alimento cognitivo para las actividades motoras, sensoriales y mentales del niño: cada vez que interacciona con él, cuando juega, lo tomas en brazos, le enseña cosas, le canta, le deja explorar la cara y su pelo, le habla, le mueve los brazos o las manos, le proporciona objetos para jugar, le ayuda a cambiar posición, etc. La madre, sin tener a veces conciencia de ello, estimula y crea las condiciones favorables para la manipulación y la exploración del ambiente.

Un indicador importante para saber si un niño es feliz, lo tenemos a partir de los dos o tres meses, cuando aparece la sonrisa ya no solamente como respuesta a una necesidad satisfecha, sino de forma relacional, como expresión de alegría en relación con un objeto externo, por Ejemplo, un rostro conocido que esté enfrente de él, se mueva o sonría. El padre, físicamente presente desde el principio en la educación de su hijo, entra en el espacio psicológico del bebé de forma más lenta y progresiva. Esto quiere decir que su importancia aumentará en la medida en que él comparta las actividades ya descritas: satisfacer necesidades (también un Hombre puede dar el biberón o cambiar y vestir al niño) y facilitar el desarrollo de su inteligencia sensitivo-motora, interactuando con él y favoreciendo la exploración del entorno.

Durante los primeros meses, la boca es el órgano de satisfacción y de exploración más importante: debido al placer que le proporciona la comida y en general la succión, así como el gusto que siente al explorar todo lo que es nuevo llevándoselo a la boca, la parte que es más sensible al placer es la zona oral. En este período la forma de comunicación más importante es la no-verbal, que se realiza a través del tacto y del contacto visual.

Poco a poco, el niño adquiere conciencia de que sus padres son algo distinto de él. Además empieza a ser capaz de pensar en las cosas y en las Personas que conoce sin estar ellas presentes (10-12 meses). Tal capacidad de "recordar" algo o alguien no físicamente presente, le permite empezar a asociar, de forma rudimentaria, los objetos con un nombre o sonido que le identifique: estamos a la puerta del lenguaje verbal y por lo tanto de otra forma de relacionarse con los otros y el mundo.

La primera relación que el bebé desarrolla con su entorno es la relacionada con la función oral-alimenticia. Esta función es la primera fuente de satisfacción, así como la primera vía de descarga de las tensiones internas del niño. La succión y el morder van a ser sus dos actividades más importantes como forma de exploración del mundo que le rodea...

En lo que respecta a la alimentación del bebé, la madre podrá optar por la lactancia natural o la artificial. Es, sin duda, la natural la más adecuada y saludable para el desarrollo del bebé para lograr un óptimo sistema inmunológico y prevención de enfermedades el alimentar al niño con afecto y receptividad a sus necesidades favorecerá su normal desarrollo psicológico. Durante la mayor parte del primer año, el lactante no puede distinguir claramente si el biberón forma parte o no del cuerpo materno. De ahí, que la lactancia artificial no pueda ser causa de alteraciones en las relaciones madre-hijo.

Es muy importante que laves tu pezón antes y después de alimentar al niño, ello te evitará la presencia de bacterias y gérmenes igualmente si se toma la opción como última de alimentar con tetero, recuerda que estos deben ser esterilizados cada vez que los uses y guardarlos en lugar desinfectado e higiénico.

Te recomendamos ampliamente que una vez alimentado el bebé lo acuestes de medio lado apoyando su espalda con una almohada pequeña a fin de evitar que si vomita se ahogue, produciendo muerte súbita en los mismos, casos más frecuentes de lo que imaginamos.

El único peligro está (sin entrar en el aspecto nutricional, de inmunización, tan importante de la lactancia materna) en que la madre no desarrolle la empatía y relación adecuada con el niño, algo mucho más potenciado con la lactancia materna y que, por supuesto, recomendamos si es posible esta elección. Con la lactancia se completará el ciclo de la maternidad.

Al margen de todo ello, uno de los factores más importantes para que el momento del alimento sea "exitoso" es la receptividad y el interés de la madre en dicho acto. Una conducta relajada, motivación intrínseca y mucho pero mucho amor serán la clave.

La sensibilidad de la madre o su sustituta a los mensajes del bebé, influirá en la irritabilidad de éste (se mostrará más o menos llorón) y en su predisposición a iniciarse en la comunicación. En primer lugar el ambiente emocional el cual debe brindar el apoyo a la criatura y a la madre, no olvidemos que ellas pueden pasar a una depresión posparto que traerán consecuencias futuras en ambas partes de allí la importancia del grupo familiar, del padre o de la pareja para apoyar durante este periodo a ambos.

El ambiente físico, la salud y la nutrición. La lactancia materna y el cuidado diario son entre otras las acciones a planificar. La madre debe tener claras las respuestas de cómo manejar el estrés, la formación de los primeros hábitos, los procesos de estimulación y el desarrollo armónico del niño. A continuación te ofrecemos una serie de consejos:

Madre, tu hijo al nacer requiere de un ambiente cálido, nutritivo, sano higiénico, lleno de amor, de seguridad con muy poco ruido, con iluminación adecuada (él está experimentando una atmósfera totalmente diferente a la del vientre materno), lo que puede ser el inicio u origen de los primeros conflictos.

Te insistimos en las condiciones de salubridad, atención y afectividad de adaptación e integración, tienen que ser consideradas como una de las primeras prioridades, la ternura, las caricias tiernas y estimulantes deben ser el punto de partida e incluso el tono de voz suave, pausado deben estar presente en todo momento (la madre debe aprender reconocer todo los sonidos del bebé, cuando tiene sueño, hambre, dolor o está empapado, respetando estrictamente sus horarios de alimentación, sueño e higiene personal).

Acuérdate de limpiar periódicamente sus encías y en general todo su cuerpo, también es muy importante que si vas a contar con una asistente debe observar cuál es su aptitud hacia el bebé. Sus sentimientos, atenciones dedicación y compromiso.

La tarea no es fácil y muchas veces no se está preparados para asumirla con entereza y fortaleza, con ánimo y orgullo pero tienes que comprender que aquí se inicia la formación y educación del bebé con la formación de los primeros hábitos, el niño debe dormir en su cuna nunca con los padres o con la madre.

Debes estar atenta, desde el mínimo momento de su nacimiento, se debe respetar su horario de alimentación, fijar una hora fija para el baño diario corto con agua templada generalmente a los 15 días de su nacimiento (nunca fría) en una bañera con fondo anti resbalante que le brinde seguridad, durante esta fase se le debe hablar, acariciarlo y cantarle o colocar una melodía suave y relajante nunca debes arrojar el agua sobre su rostro ni bruscamente en su cuerpo

La madre debe comprender que no es un muñeco lo que tiene entre su brazo y tratarlo como tal, no absolverlo totalmente limitando su natural crecimiento y desarrollo, sobre protegiéndolo, durmiendo con él, debe ir creándole un propio espacio. La evolución del niño en estos primeros momentos de su vida tanto física o psicológicamente va a depender exclusivamente del cuido que le prodigamos.

En esta fase la madre y la familia deben estar muy atento a cambios bruscos de carácter del niño, a su llanto, apariciones temprana de deficiencias físicas o neurológica (todo diagnóstico a tiempo será más favorable para su posterior tratamiento y curación, debemos acudir inmediatamente al médico especialista si observamos alguna manifestación clínica. Llantos, dificultad para dormir, inapetencia, fiebre repentina, escozor, dolor, erupciones.

El Bebé durante los siguientes seis meses frecuentemente empieza a sentirse tímidos y a tenerles miedo a personas desconocidas. Podrían llorar cuando su padre o madre se va y podrían indicar que prefieren a la madre, el padre o un cuidador más que a cualquier otra persona.

Otros aspectos a considerar tienen que ver con el cumplimiento a las visitas al pediatra durante los primeros meses o cuando su salud lo requiera, la vacunación a tiempo (cuantos niños se salvarían de enfermedades y secuelas como la parálisis infantil, si se hubiese realizado su vacunación) si no actuamos, después no habrá vuelta atrás, ni arrepentimientos, llantos o justificación que valga, aquí te ofrecemos la guía sobre la tabla de vacunación de los niños.

El niño a medida que va creciendo igualmente va incorporando las experiencias de su medio ambiente, lo que ve, lo que observa, lo que escucha, lo que toca, y mediante un proceso de asimilación e incorporación irá integrando tanto lo bueno, como lo malo, él es una esponja que no deja de asimilar absolutamente nada de lo que sucede en su entorno de allí surge la importancia de definir muy bien nuestro rol y prepararnos de la mejor forma posible para tener un desempeño exitoso.

Hay que evitar en todo momento las peleas y discusiones y gritos en el hogar, que los padres mantengan un clima de paz, tolerancia y respeto, incluso cuando se tiene un niño, su género va a indicar ciertas pautas sobre el trato que le vamos a brindar, aunque el amor debe ser ampliamente generoso.

Existen conductas vinculadas a la identidad sexual que hay que tener presente, algunos padres desean muchas veces una hembrita y nace un varoncito y viceversa, no asumen esta diferencia sexual. Pudiendo dar origen a una incipiente crisis de identidad.

El varón tiene que criarse como tal hay que recomendar a las madres que sean ellas las que realicen el aseo del bebé y el padre acompañe como ayuda al momento del proceso, lo cual no significa que este no pueda hacerlo bañar, vestir o acariciar al niño usando las medidas de seguridad necesarias para evitar cualquier tipo de accidente, entiéndase que ambos tienen la misma responsabilidad pero es la mujer la que ejerce la mayor presencia en este sentido. Nunca supongan que su bebé no los entiende. Los bebés saben más de lo que los adultos imaginan.

Los movimientos del bebé cuando tiene un mes de vida son poco coordinados y no puede sostener la cabeza erguida. Tienes que tener sumo cuidado de tomarla con firmeza pero con delicadeza evitando que se doble hacia atrás y sobre todo en el momento de dárselo a otra persona o hermanito sí lo hay, así nos acercamos al segundo y tercer mes de vida del niño a partir de las 6 semanas aproximadamente, el recién nacido tiene cierto control de la cabeza, responde estímulos visuales y auditivos y comienza a reírse y a mirar a la madre respondiéndole. A los tres meses ya puede permanecer sentado apoyado en un respaldo o un cojín, e intenta recoger algún objeto por sí mismo

A partir de los cuatro meses, él niño comienza a rodar su cuerpo, y puede jugar con un sonajero, el cuál debe ser de colores vistosos, con sonido atrayente más no estridente, y material suave. Verás cómo al acostarlo boca arriba, trata de levantar su abdomen indicándote que quiere que lo tomes en brazos. A los cinco meses ya es capaz de ponerse los pies en la boca y chuparse los dedos. Déjalo que lo haga, es una forma de conocer su cuerpo, igualmente con los dedos de las manos, ello también te indica que requiere alimentarse.

A los seis meses el niño ha alcanzado un adecuado control de la cabeza, se interesa por los estímulos auditivos y visuales, móviles de mucho colorido, programas infantiles de televisión o vídeos y la música relajante deben ser parte importante en este lapso, se puede sentar por sí solo, se balancea y juega con las manos tocándoselas y uniéndolas. Puede levantar la cabeza y el pecho, en posición prona. Se voltea.

Debes estar pendiente de colocar protectores a su alrededor que no constituyan ningún peligro para su salud, responde socialmente, fija la mirada en un objeto y sonríe con frecuencia. Igualmente el niño descubre sus manos y comienza a pasar un objeto de una mano a otra, ya puede masticar, vocalizar y expresar excitación o protesta con su cuerpo cuando no le agrada algo o le molesta algún aspecto de su medio ambiente o de su propio cuerpo por ejemplo, el estar mojado, aprende a reconocer todos estos avances en tu hijo para que pueda ejercitarlo de acuerdo a su desarrollo sin agitarlo ni apretujarlo más de lo necesario. Su alimentación debe ser balanceada y nutritiva.

A los 6meses, el bebé empieza a tomar sus primeros alimentos sólidos. Y agua natural filtrada y hervida en pequeñas cantidades que el mismo demande, no existe una regla única, recuerda que el niño cuándo es amamantado. La leche materna ya contiene el vital líquido, te recomiendo como norma de adaptación que a partir del 4 mes le suministres pequeños sorbos de agua lo irán acostumbrando en ese sentido. Tu pediatra te indicará las pautas a seguir; no serán muy distintas a estas.

Los primeros alimentos del bebé son bastantes insulsos. Cero sal, igualmente cero azúcares. Pero no te preocupes por ello. Así deben ser y así le gustarán.

Este es el esquema básico de su menú a esta edad:

Desayuno:

- Un biberón de leche de continuación con o sin cereales sin gluten: maíz o arroz.

Almuerzo:

- Un puré de verduras que irá probando de una en una. La base del puré es un trocito de patata a la que puedes añadir zanahorias, guisantes, calabacín, judías verdes, boniato o calabaza. Dale pequeñas cantidades y ofrécele un biberón de leche para terminar.

Merienda:

- Una compota de manzana, plátano o pera con un biberón de leche de continuación. Preferible hechas en casa con frutas frescas y bien lavada, cocinarlas preferiblemente sin agregarle azúcar.

Cena:

- Un biberón de cereales sin gluten.

Los ajustes sobre este esquema dependerán del crecimiento del bebé. Por ejemplo, si es gordito, tu pediatra te recomendará más purés de verduras y menos cereales; si se despierta temprano, más cereales en el biberón de la noche.

Empieza con poca cantidad de puré de textura suave, sin sal. Para empezar, bastarán unas pocas cucharadas. Si ves que le cuesta mover el contenido de la cuchara en la boca, añade un poco de agua o leche de continuación.

Puedes ofrecerle los alimentos a temperatura ambiente o incluso fríos. También los puedes calentar un poco, una costumbre que responde más al gusto de los adultos que de los bebés y que no mejora la digestión.

De los 10 a 18 meses en general es capaz de rodarse, gatear y pararse sosteniéndose con algo o alguien. Utiliza sus dedos para explorar los objetos, adquiere la pinza y puede seguir objetos que se caen, hay que estar muy pendiente de retirar objetos peligrosos, ya sean de vidrio u otros materiales que representen un peligro o pueda tirarlos, así mismo los toma corrientes deben ser bloqueados ya que constituyen un fuerte motivo de atracción para ellos, igualmente no debes dejar las puertas abiertas y menos aún si vives en edificios, son fuente de muchos accidentes, igual ocurre con bañeras y tinas

Se sienta bien, sin ayuda y puede dar sus primeros pasos sostenidos por un adulto. Muy pendiente de no forzarlo y evitar las caídas que pueden dar origen a un rechazo a esta actividad natural y evolutiva, anímalo con amor y seguridad. Entre los 18 meses y los 2 años el niño es muy activo; aproximadamente a los 13 meses camina, aquí las diferencias individuales deben estar presente porque cada niño es único en su evolución alguno son más adelantado no lo compare con otros.

Al caminar a su lado no olvide que sus piernas son más corta que las tuya, es un bebé, no lo fatigue ni obligue que ande a tu ritmo, ni recorra la mima distancia que tú, ni lo lleves colgado del Brazo. Cuántas veces hemos vistos a muchos padres y madres llevar a rastras a sus pequeños hijos, guindados por el hombro o el brazo lo que originará dolencias y posibles traumas en etapas posteriores.

Puede sostener una taza sin verter su contenido. Nunca de vidrio, utiliza materiales poco pesado y resistentes. En general tiene mayor control de su cuerpo, pero camina todavía con las piernas separadas es para tener mayor equilibrio y soporte. Agarra, sostiene y suelta objetos correctamente.

En este 1er año, se van a ir organizando los distintos ritmos de sueño-vigilia-alimentación; será conveniente observar esos ritmos, para poder respetar al máximo la demanda del bebé. Van a ir apareciendo toda una serie de estadios o fases que supondrán un avance, tanto cualitativo como cuantitativo en el desarrollo infantil; y cada fase no desaparecerá frente a la siguiente, sino que se prolongará en ella, se interrelacionará complejizando dicha evolución.

Esta es una etapa básica para educar y disfrutar del cuerpo; se trata de la llamada **"etapa del suelo"** en la que, sobre todo a partir de los 4 meses, será el movimiento, el desplazamiento en el espacio, el que le va a hacer avanzar en su desarrollo. Favoreceremos su movilidad colocándolo acostado sobre una superficie amplia y ligeramente acolchada, que le permita ejercitar y descubrir las posibilidades de su cuerpo sin golpearse. De esta forma, habrá una evolución que irá desde la ausencia total de movimientos voluntarios a una progresiva autonomía que logrará con la adquisición de la marcha:

Descubrirá el volteo (la capacidad de darse la vuelta por sí mismo, pasando del boca-arriba al boca-abajo y viceversa El tono de los músculos de su cuello se irán fortaleciendo, así como sus glúteos y sus lumbares. Ello va encaminado a permitirle sentarse (inicialmente con apoyo, para pasar a mantenerse sentado sin ayuda), eso le permitirá mejorar la manipulación con las manos; la vista y el oído irán quitando protagonismo a la boca como medio de exploración de las características de las cosas.

Sus sentidos van a ir madurando con sus experiencias. Irá descubriendo partes de su cuerpo: manos, pies, tras el volteo, descubrirá la posibilidad de "arrastrarse": primero circularmente (girando sobre su abdomen) y luego reptando la mano va a ir logrando el agarrado de los objetos, lo cual le permitirá manipularlos.

Empezará a reconocer rostros conocidos y reaccionará con lloros frente a los extraños. Alrededor del último trimestre, se iniciará en el gateo, para acabar en la bipedestación alrededor del año o un poco más.

Madre, Padre Familia NUNCA trates de que el niño salte la etapa del gateo eso originará problemas de salud no solo física sino también psicológica y afectiva los beneficios del gateo en el desarrollo de tu bebé son de suma importancia para su desarrollo.

Si tienes un bebé tienes que saber que cuando se coloca en el piso a gatear, ganará muchas experiencias: conocerá mejor su cuerpo y se moverá con mayor facilidad. Este proceso comienza antes de que tu hijo tenga un año de edad, más o menos entre 7 a ocho meses. Todo depende del niño. Y que algunos niños podrían tomar hasta un año en gatear. Trata de no compararlo con otros niños.

A ellos les urge conocer su mundo. Es una manera de explorar. Tu bebé por fin conocerá qué es estar cerca o lejos de lo objeto y personas. Esta es una de las etapas que más esperan las mamás luego del nacimiento.

Cuando descubre que puede desplazarse con sus manos y rodillas se acercara a todas aquellas cosas que llamen su atención y le prepara para el inicio a ponerse de pie y luego a dar su primer paso.

Aprende a tomar decisiones. Por la forma en la que se desplaza en la casa, él sabrá elegir cuáles caminos tomar, a qué sitios ir. Identificará que hay lugares a los que es mejor no ir.

Aprende a fijarse metas. El gateo es un mecanismo que le ayuda a enfocarse en los objetos de su ambiente, se acercará y lo obtendrá. Para él que es tan pequeñito eso se llama fijarse una meta. Los padres deben estar muy atentos para que no corra riesgos y viva la experiencia de tocar y manipular los mismos.

Cuando tu hijo comienza a gatear elevará la conexión contigo. Observa sus expresiones a la hora de colocar sus rodillas y manitas en el suelo

Fortalece sus emociones. Las ganas de tu bebé por descubrirlo todo lo que ve a su alrededor incrementa aceleradamente cuando aprende a gatear. De ahora en adelante saldrán a flote dos emociones: la alegría por alcanzar lo que quiere y la frustración por no lograrlo.

También debes saber que esta forma de "caminar" de los bebés fortalece sus músculos del tronco, manos, piernas y áreas del cerebro que ayudarán a su comprensión, concentración y memoria. A esquivar obstáculos, a persistir en el logro de objetivos, cuando observa objetos llamativos trata de desplazarse hacia ellos.

Se acercará a todas aquellas cosas que llamen su atención. Debemos estar muy pendiente de cajones, televisor, consola y otro objeto que pueda arrastra con sus manos.

El gateo influye directamente en el desarrollo de tu niño, de ahí la importancia de que lo experimente antes de dar sus primeros pasos. No cometas el error de colocar siempre al niño en un ambiente cerrado como el corral, o sostenerlo siempre cargado en tus brazos o mochila. Él debe contar con una colchoneta plana, alfombra antialérgica o sabana donde pueda desplazarse a su voluntad incluso en el piso limpio

Aproximarnos al primer año del bebé nos vamos a dar cuenta de los cambios significativos que este ha experimentado, no sólo físicamente, crecimiento y desarrollo, sino también psicológicamente, ese pequeño retoño comenzara a gatear, pararse y a caminar.

Se debe respetar cada etapa en estricto orden porque muchos padres tratan de parar al niño sólo sin haber pasado por la etapa del gateo y otros quieren que caminen antes del tiempo previsto por su proceso de maduración, muchos problemas de cadera y de piernas se pueden evitar si respetamos las etapas del crecimiento físico) que debemos hacer, protegerlo al máximo, eliminar los obstáculos y peligros de objetos en la casa, pero nunca limitar la exploración del ambiente externo evitar caídas, estimularlos, reconocerle sus avances, apoyándolo e incluso aplaudiendo sus logros sin exageraciones ni sobreprotección.

El niño al lograr una movilidad más independiente va a tratar de explorar su entorno y desplazarse de un lugar a otro tratando de tocar los objetos estableciendo una fuerte interacción con su ambiente, debemos estar muy pendiente de mantener la puerta del baño cerrada así como de la entrada principal y de la cocina, es muy importante no tener al niño todo el día en un corral o en su cuna y tener extremado cuidado con las andaderas cuando ellos comienzan a ser más independiente en esta etapa.

La aparición del lenguaje muchas veces en forma acelerada en algunos bebé se inicia con el balbuceo él quiere expresarse con palabras y gestos sus deseos e inquietudes, la estimulación es muy significativa si lo hacemos de acuerdo a las normas previstas, primero debemos ver la cara del niño cuando le hablamos, utilizar un lenguaje sencillo, sin afectaciones ni amaneramientos pero si con dulzura y calidez, mostrándole los objetos y dándole el nombre correcto, educando su tono de voz facilitándole el conocimiento de los sonidos del ambiente, una manera muy particular es con la música y el canto.

Aquí te presentamos un esquema del desarrollo motor durante el primer año para que tengas la oportunidad de comparar la evolución de tu bebé en los primeros meses de su vida.

CAMBIOS

1 a 3 meses:
- Boca, ojos, oídos.
- Succión, para tomar la leche, movimiento de labios y lengua.

- Abre y cierra los párpados, sigue la luz.
- Sonrisa social.
- Se asusta con ruidos.

3 a 5 meses:
- Cuello, espalda, brazos.
- Empieza a tener la cabeza recta y a rotarla en diferentes direcciones.
- Puede estar sentado, si se apoya en un cojín o en una mecedora.
- Puede agarrar pequeñas cosas usando toda la mano.

6 a 9 meses:
- Tórax, piernas, manos.
- Puede estar sentado sin ayuda.
- Ahora las manos están libres para explorar todo el entorno: hay voluntad de coger y llevar los objetos a los ojos y a la boca.
- Empieza a tener preferencia por una de las dos manos.

9 a 12 meses:
- Pies, dedos, lengua.
- Hay cada vez más coordinación entre las partes del cuerpo.
- Empieza el movimiento: el niño se arrastra por el suelo, empieza a ponerse de rodillas, gatea y finalmente empieza a levantarse.
- Utiliza los dedos, sobre todo el pulgar (haciendo la pinza).

Muchos ponen a prueba ciertos comportamientos con su padre o madre, como dejar caer un juguete o negarse a comer cierto alimento. Los bebés imitan no sólo los sonidos sino también los gestos y claramente gozan de la atención que podrían recibir como resultado de este comportamiento. Muchos bebés de esta edad comienzan a cooperar con la alimentación al agarrar alimentos que se comen con los dedos, o cooperan cuando se les está vistiendo al extender su brazo para meterlo en la manga de una camisa.

Con respectos al desarrollo de sus emociones. El bebé irá expresando sus necesidades mediante gestos, actitudes y contactos visuales que provocarán reacciones en su entorno, dándose así un intercambio afectivo con los demás. Sus emociones irán cambiando y se irán diversificando, así como la expresión de éstas sobre el cuerpo (a través del tono muscular y de la tensión).

El lenguaje del cuerpo será, pues, su primer lenguaje. Estas necesidades deberán ser atendidas, sin adelantar ni retrasar demasiado su satisfacción, cuidando a la vez la relación afectiva con el niño (acariciándole, hablándole). Cuando hablamos de sus necesidades nos referimos no sólo a las biológicas, sino también y principalmente a las psíquicas, las afectivas, a las de sentirse querido.

De aquí, surgirán las bases de su sentimiento de seguridad y de su futura capacidad de amar; sólo será capaz de amar desinteresadamente, si él también se ha sentido amado, y no sólo cuidado.

Otros aspectos a considerar tienen que ver con el cumplimiento a las visitas al pediatra y con la vacunación (cuantos niños se salvarían de enfermedades y secuelas como de la parálisis infantil, si a tiempo se hubiese realizado su vacunación) si no actuamos a tiempo después no habrá vuelta atrás, aquí te ofrecemos la guía sobre la tabla de vacunación de los niños publicada por la Academia Estadounidense de Pediatría (AAP por sus siglas en Inglés) para niños y adolescentes para el año 2017. La nueva tabla recomienda la administración de una vacuna anual contra la influenza o gripe para todos los niños desde los 6 meses hasta los 18 años. Además también recomiendan que las personas que tengan contacto permanente con niños como los padres y maestros se vacunen también de la influenza para prevenir los contagios.

La tabla del 2019 también incluye una segunda dosis de la vacuna oral para el rotavirus. Este es un virus común del estómago y es extremadamente contagioso. Este virus es el que causa la enfermedad que llamamos gastroenteritis. El rotavirus causa diarrea vómitos y acostumbra a comenzar con fiebre. La vacuna del rotavirus ha sido aprobada por la Administración de Alimentos y Medicamentos de Estados Unidos (FDA por sus siglas en inglés).

Si quieres aprender más acerca de la importancia de la vacuna y las que específicamente necesita tu bebé, habla con tu pediatra quien además te guiará acerca de las diferencias de vacunación en varios países. Toma en cuenta el siguiente esquema de vacunación:

VACUNA	Edad mínima de dosis En la 1ª Dosis	Intervalo MÍNIMO entre dosis		
		De 1ª a 2ª Dosis	De 2ª a 3ª Dosis	De 3ª a 4ª Dosis
Hepatitis B[1]	Recién Nacido	4 semanas	8 semanas	-
Tétanos y difteria de baja carga antigénica[2]	7 años	4 semanas	6 meses	6 meses
Poliomielitis[3]	6 semanas	4 semanas	4 semanas	-
Neumococo[4]	6 semanas	-	-	-
Meningococo C y ACWY[5]	2 meses	6 meses	-	-
Sarampión, rubeola y parotiditis6	12 meses	4 semanas	-	-
Varicela[7]	12 meses	4 semanas	-	-
Virus del Papiloma	9 años	Pauta de según preparado		-

VACUNACIÓN DE RESCATE ENTRE 7 Y 18 AÑOS DE EDAD
Asociación Española de pediatría 2019
Comité asesor de vacunas

Humano[8]	Comercial		
MeningococoB[9]	2 meses	4 semanas o 6 meses	-	-

Organización Mundial de la Salud,

Tabla de Vacunación 2019.

El niño a medida que va creciendo igualmente va a ir incorporando las experiencias de su medio ambiente, lo que ve, lo que observa, lo que escucha, lo que toca, y mediante un proceso de asimilación e incorporación irá integrando tanto lo bueno, como lo malo, él es una esponja que no deja de asimilar absolutamente nada de lo que sucede en su entorno de allí surge la importancia de definir muy bien nuestro rol y prepararnos de la mejor forma posible para tener un desempeño exitoso.

Nosotros somos el modelo de ellos y por lo tanto debemos de ser el mejor ejemplo, el mejor modelo, nada de escándalos, peleas y gritos, incluso nuestro tono de voz tiene que ser moderado, las diferencias que tengamos con nuestras parejas u otras personas debemos dirimirlas en privacidad y armonía.

Así mismo nuestras relaciones íntimas deben estar sujetas a la privacidad, incluso cuando se tiene un niño su género va a indicar ciertas pautas sobre el trato que le vamos a brindar, aunque el amor debe ser amplio, generoso, existen conductas vinculadas a la identidad sexual que hay que tener presente, algunos padres desean muchas veces una hembrita y nace un varoncito y no asumen esta diferencia sexual.

Pudiendo dar origen a una incipiente crisis de identidad, el varón tiene que criarse como tal, hay que recomendar a las madres que sean ellas las que realicen el aseo del bebé y el padre acompañe como ayuda al proceso, lo cual no significa que este no pueda hacerlo bañar, vestir o acariciar al niño entiéndase que ambos tienen la misma responsabilidad pero es la mujer la que ejerce la mayor presencia en este sentido.

Desarrolla una fuerte interacción con su ambiente es la época del **No** por eso no hay que preocuparse se trata de un aprendizaje más en su camino hacia la autonomía, es una época en la que el niño suele decir no a todo en un intento por reafirmar su propia personalidad y ser más autónomo.

Esta actitud, expresada en forma de capricho y rebeldía a menudo resulta un tormento para los padres, pero hay que tomar en cuenta que es una etapa del desarrollo del niño lo más aconsejable es dejar que exprese sus sentimientos, rabias, pataletas, gritos y lo importante es establecer reglas a las que deberá acostumbrarse sin recurrir a los gritos y a las malas maneras y mucho menos al maltrato físico esto es inaceptable.

En esta etapa la aparición del lenguaje en muchas veces es muy acelerada en algunos bebés. Se inicia con el balbuceo él quiere expresarse con palabras y gestos, sus deseos e inquietudes, la estimulación es muy significativa si lo hacemos de acuerdo a las normas previstas, primero debemos ver la cara del niño cuando le hablamos, utilizar un lenguaje sencillo, sin afectaciones ni amaneramientos pero si con dulzura y calidez, mostrándole los objetos y dándole el nombre correcto, educando su tono de voz y facilitándole el conocimiento de los sonidos del ambiente, una manera muy particular es con la música y el canto

Para ello existe igualmente la posibilidad de adquirir música infantil y crear un ambiente para que el niño la escuche a un volumen adecuado. En relación a la adquisición del lenguaje podrás observar que: Sobre los 2-3 meses, se presenta un aumento en la calidad y variedad de las vocalizaciones, dando lugar al balbuceo.

-A lo largo de la segunda mitad de este año, el bebé irá dejando de utilizar ciertos sonidos, para centrarse en pronunciar aquellos que pertenecen a la lengua de su entorno. De allí que debemos los adultos de pronunciar correctamente las palabras sin afectaciones, con un tono adecuado y preciso.

-Alrededor del año (hablamos en términos medios) se producirá la emisión de la 1ª palabra. El organismo va a ir madurando en todos sus aspectos, y junto con la acción del medio va a hacer que el bebé vaya evolucionando progresivamente. En este proceso podemos evaluar si el mismo presta atención a los diversos sonidos y evaluar cómo está su sistema auditivo en general.

GUÍA SOBRE EL DESARROLLO DEL LENGUAJE

1 a 3 meses:

- El niño hace pruebas de sonidos con su propia voz, lo que suele llamarse gorgoteo.

3 a 5 meses:

- Entona, empieza la actividad de vocalización: el niño produce sonidos y se escucha a sí mismo.

6 a 9 meses:

- Silabea. El niño repite sílabas fonéticas como "ba-ba" "ta-ta" o "ma-ma". Todavía son "pruebas" y no tienen intencionalidad específica.

9 a 18 meses:

- Palabra-frase. Una palabra describe una situación entera y puede decir varias cosas: "silla" puede significar "bájame de la silla" o "súbeme a la "Silla" o "quita la silla del medio" o "quiero esa silla" etc... Solamente quién está a su lado y entiende el contexto en el que se pronuncia esa palabra, puede interpretar correctamente la expresión del niño.

18 en adelante:

- Frases complejas. Empieza la formulación de frases más complejas y uso "habitual" de la gramática.

<< La adquisición del Lenguaje impone al niño grandes esfuerzos; la oración supone, principalmente un mecanismo complicado, el cual no domina sino a consta de múltiples trabajos e intentos. No adquiere la posibilidad de formar grupos de palabras por medio de simples ejercicios de imitación sino con esfuerzos consciente casi continuo >> **Delacroix**

"Todos los gestos de ternura y amor son importantes para ellos…" **Alexis Bermúdez Carvajal**

CAPÍTULO TERCERO

DESARROLLO INFANTIL A LOS 12 MESES

Áreas del Desarrollo psicomotoras, lenguaje y Social.

Tener hijos Exitosos y no fracasados pasa por conocer y atender todos los aspectos de su desarrollo, tanto en lo psicomotor, social, lenguaje. Así contaremos con todas las herramientas necesarias para evaluar, al bebé y aplicar todas las estrategias necesarias a fin de favorecer su crecimiento sostenido y sano.

Desarrollo psicomotor.

A esta edad los pequeños suelen mostrar los primeros signos de querer andar, recorren la casa **gateando** y algunos ya lo hacen de pie apoyándose en los muebles. Incluso hay quienes ya pueden **caminar solos**, aunque lo normal es que lo hagan de la mano de papá o mamá o empujando un juguete con ruedas.

Además, ya pueden introducir objetos pequeños dentro de otros grandes, abrir los cajones y sacar cosas, e incluso intentar comer por sí mismos (con la mano o utilizando la cuchara, aunque con muy poca destreza).

Lenguaje.

Suelen decir sus **primeras tres o cuatro palabras**: generalmente «mamá», «papá», «agua», «pan» o el nombre de algún otro objeto conocido.

Desarrollo social.

Es la época del apego a **mamá**, por lo que generalmente no quieren estar con las personas poco conocidas. Muchos se muestran tímidos ante cualquiera que no viva con ellos o que no vean con asiduidad, incluidos abuelos y tíos.

DESARROLLO INFANTIL A LOS 15 MESES

Desarrollo psicomotor.

Habitualmente son capaces de levantarse y caminar solos. Incluso pueden ya agacharse y coger objetos del suelo sin perder el equilibrio. También empiezan a subir escalones de uno en uno, es decir, con los dos pies en el mismo escalón antes de acceder al siguiente. En cuanto a sus habilidades manuales, ya pueden dar palmas, garabatear sobre un papel o coger una taza y beber ellos solitos.

Lenguaje.

Saben decir unas seis palabras (las más útiles para ellos y sencillas) aunque entienden bastantes más. Ya obedecen instrucciones poco complicadas como «dame la muñeca», y entienden frases fáciles del tipo « ¿dónde está el biberón?».

Desarrollo social.

Conocen su nombre aunque no lo pronuncien. Empiezan a mostrar interés por los dibujos y películas que ven en la televisión y les divierte observar su imagen en un espejo. Les pueden llamar la atención los otros niños, pero todavía no suelen jugar con ellos.

DESARROLLO INFANTIL A LOS 18 MESES

Desarrollo psicomotor.

Pueden saltar, correr, subir una escalera ellos solos cogiéndose a la barandilla y sentarse sin ayuda en una silla bajita. Son capaces de arrojar objetos grandes, como una pelota, sin caerse, hacer torres de tres o cuatro cubos, quitarse prendas de vestir como los calcetines y utilizar la cuchara con más acierto que hace unos meses.

Lenguaje.

Amplían bastante su vocabulario con palabras que ya no son ininteligibles y conocen muchas más. Pueden seguir una melodía que les gusta. Empiezan a obedecer dos órdenes de una misma frase, como por ejemplo «siéntate y coge la cuchara».

Desarrollo social.

Imitan todo lo que hacen los adultos. Pueden saludar a personas desconocidas si se lo pedimos y les apetece. Mantienen la atención más tiempo en una actividad, por ejemplo cuando les leen un cuento. Muestran cada vez más interés por otros niños, aunque les cueste interactuar con ellos.

DESARROLLO INFANTIL A LOS 24 MESES

Desarrollo psicomotor.

Ya caminan perfectamente, corren y dan patadas a un balón sin perder el equilibrio **bailan** al ritmo de la música, pueden girar el pomo de una puerta, abrir un bote o pasar las páginas de un libro, empiezan a vestirse o calzarse con un poco de ayuda.

Lenguaje.

Su divertida incontinencia verbal es propia de esta época: saben decir un montón de palabras, aunque a veces las empleen sin sentido, y hacen preguntas sin parar. Forman frases sencillas y entienden casi todo lo que se les dice. Si no saben expresar algo que quieren con palabras, se hacen entender por otros medios (señalando o tirando de los adultos hacia lo que quieren). También son capaces de nombrar y señalar partes de su cuerpo.

Desarrollo social.

Empiezan a ser más sociables e interactúan con los demás, también con otros niños. Dejan de estar tan apegados a mamá y son mucho más participativos.

Psicomotricidad.

El desarrollo de sus capacidades psicomotoras llegará cuando su cuerpo esté preparado. Lo único que podemos hacer es no ponerle obstáculos: despejar la casa y evitar objetos que puedan dañarle (esquinas puntiagudas, objetos de cristal que se puedan romper con facilidad y demasiados muebles) para que el niño pueda experimentar a sus anchas y evolucionar sin cortapisas.

Lenguaje.

El niño a esta edad aprende imitando a los adultos. Así que cuanto más se le hable, mucho mejor. Aprovechar para enseñarle nombres de objetos en momentos relajados, como la hora del baño, puede ayudarle. No conviene agobiarle demasiado corrigiéndole constantemente, ni tampoco imitarle. Si por ejemplo pronuncia mal una palabra, lo mejor es que repitamos su frase pero diciendo esa palabra de forma correcta.

Desarrollo social.

Para que se desarrolle socialmente con normalidad, lo más importante es que se sienta seguro. Lo único que podemos hacer para ayudarle es demostrarle que le queremos incondicionalmente y que siempre vamos a estar ahí cuando nos necesite. Lo demás dependerá de su personalidad.

...algunas de las expresiones faciales y movimientos que observan y a manifestar una preferencia hacia ciertas personas, usualmente sus padres.

Muchos ponen a prueba ciertos comportamientos con su padre o madre, como dejar caer un juguete o negarse a comer cierto alimento. Los bebés imitan no sólo los sonidos sino también los gestos y claramente gozan de la atención que podrían recibir como resultado de este comportamiento. Muchos bebés de esta edad comienzan a cooperar con la alimentación al agarrar alimentos que se comen con los dedos, o cooperan cuando se les está vistiendo al extender su brazo para meterlo en la manga de una camisa. El bebé irá expresando sus necesidades mediante gestos, actitudes y contactos visuales que provocarán reacciones en su entorno, dándose así un intercambio afectivo con los demás.

Sus emociones irán cambiando y se irán diversificando, así como la expresión de éstas sobre el cuerpo (a través del tono muscular y de la tensión). El lenguaje del cuerpo será, pues, su primer lenguaje. Estas necesidades deberán ser atendidas, sin adelantar ni retrasar demasiado su satisfacción, cuidando a la vez la relación afectiva con el niño (acariciándole, hablándole,...). Cuando hablamos de sus necesidades nos referimos no sólo a las biológicas, sino también y principalmente a las psíquicas, las afectivas, a las de sentirse querido.

De aquí, surgirán las bases de su sentimiento de seguridad y de su futura capacidad de amar; sólo será capaz de amar desinteresadamente, si él también se ha sentido amado, y no sólo cuidado.

Esta edad está básicamente orientada a establecer relaciones con el mundo exterior. Ahora, realmente el niño se adaptará a situaciones nuevas, no sólo utilizando esquemas ya adquiridos, si no buscando y encontrando medios nuevos, se muestran muy activos.

Se inicia en la conquista de su autonomía (se mantendrá de pie, dará sus primeros pasos,...). Cada vez con mayor seguridad.

Es aconsejable preparar el espacio para sus avances evitando los peligros, para así evitar al máximo el uso de prohibiciones innecesarias que sólo conseguirían reprimir su curiosidad natural. Comienza a interiorizar ciertas prohibiciones; por ello, interesa que éstos, realmente, sean pocas, fundamentales y permanentes, ello le dará seguridad y confianza, así como le ayudará a estructurar sus pautas de comportamiento.

Se irán observando enormes progresos de control y dominio general de su alrededor del año y medio, complicará sus habilidades en el andar, lo hará hacia atrás, pisará pequeños objetos del suelo, sólo cuando el andar se haya automatizado, dejará de ser interesante como tal para el niño. El andar va a permitir al niño orientarse en el espacio, conocer más y mejor los objetos de su alcance y manipular mucho más.

Sobre esta edad, aprenderá la función que tiene cada objeto, es lo que se conoce como "actividad objetal". Le dará a cada objeto, el uso que le corresponde.

El lenguaje se irá desarrollando de forma importante, sobre todo a partir del año y medio; es importante que el niño vaya ejercitando este aprendizaje con un adulto.

Se puede aprovechar su interés por los cuentos. Al hablarle al niño hay que tratar que éste observe el movimientos de tus labios, pronunciarle correctamente las palabras ,realizar juegos de vocalización y de canto, enseñarle los objetos más familiares y pronunciar su nombre, como el vaso, taza, casa, agua, etc.

Irá perfeccionando la comprensión del lenguaje, así como desarrollando el suyo propio. En estos momentos, existe un desfase entre la comprensión y la producción de dicho lenguaje, ya que la primera está más avanzada que la segunda.

Si más allá de los 18 meses, no se ha producido la emisión de la primera palabra, será necesario consultar a un especialista infantil.

Se consolidará en este año, su actitud ante la limpieza, ya que se producirá a finales de éste el control de los esfínteres. Para ello y para que esa actitud sea positiva, se le facilitará el juego con elementos tales como arena, barro, agua, dejándole libertad de exploración.

No habrá que imponerle esos hábitos de limpieza, sino que se le ayudará para que éstos se vayan formando. El niño va a mostrar mucha avidez e inquietud por conocerlo todo. Su curiosidad le llevará también a explorar diferentes partes de su cuerpo.

Alrededor de los 2 años, surge el "no" como organizador de la conducta". Es la etapa de la negación frente a todo. También ante la comida, ellos puede convertir el momento de comer en un "acto realmente duro" tendremos presente que el "tocar" es una necesidad normal en su desarrollo, y la comida quedará también incluida en este sentido.

Se intentará, en lo posible, ser permisivo. Un aspecto muy significativo en la evolución y desarrollo del niño en esta edad lo constituye el dejar de usar pañales, aquí te ofrecemos un conjunto de recomendaciones.

Que te permitirán con éxito alcanzar esta conducta tomando en cuenta la madurez del niño, esta experiencia puede abarcar hasta los 3 años aproximadamente.

Es un logro que debe realizar el propio niño. Ellos se enfrentan con la necesidad de esperar, retener, hacer pis y caca en un lugar especial, aceptar que hay normas que cumplir para poder ingresar al mundo de la cultura y ser aceptado.

Debemos ayudar a nuestros hijos a que lo logren, es mejor esperar a que los niños estén preparados para controlar los músculos de sus esfínteres. No existe una edad definida para el aprendizaje del control.

Hay que ajustarse a las necesidades de cada niño, que esté maduro Biológico, psicológico y afectivamente. El entorno familiar va a jugar un papel preponderante amor y comprensión, nada de regaño, gritos e impaciencia.

- Por lo general comienzan diciendo PIS PIS... cuando ya se hicieron. Este primer indicio es muy importante ya que es una manifestación acerca de su incomodidad, que nos dice que algo ha cambiado, que ha evolucionado.

- El próximo indicio probablemente sea que lo veamos quedarse quieto, su cuerpo tenso y diciendo PIS o CACA mientras se hace en el pañal. Esto revela que conoce las sensaciones de su cuerpo que posteriormente le indicarán que es hora de hacer pis.

- El paso que sigue es que nos avisa y al llegar al baño aún no hizo en el pañal. Esto nos indicaría que el niño es capaz de expresar verbalmente o con gestos su deseo de hacer pis, o de buscar al adulto si se siente manchado.

- Es común que se sientan incómodos con los pañales, intenten quitárselos o prefieran estar sin ellos.

- Debemos tener en cuenta que cuando un niño está preparado o maduro para controlar sus esfínteres puede controlar tanto el pis como la caca.

¿Cómo se puede trabajar en casa?

- Debemos sensibilizar al niño hacia el tema del control: enseñarle el inodoro, explicar para qué sirve, crear también en casa una motivación inicial en la que intervenga el juego simbólico, por ejemplo: llevar a los muñecos al baño.

- Una vez que se les quita el pañal porque se considera que ya pueden controlar los esfínteres, no debemos confundirlos como por ejemplo poniéndole el pañal un día y otro no, en función de nuestras necesidades y urgencias.

- En caso de "accidente" debemos responder con serenidad, con una actitud positiva, no debemos retar al niño, ni con palabras ni con gestos.

- Es necesario tener paciencia y ser asertivos, sin que exista una excesiva carga emocional para los adultos y para el niño.

No es bueno preguntarle constantemente si desean ir al baño porque provocamos una situación de dependencia, donde el niño se desentiende de sus vivencias internas y deja el control en manos del adulto que acompaña.

Esto generalmente también se desplaza a otros aspectos o necesidades. Quitar el **pañal** es un proceso de educación infantil que resulta sencillo para algunos padres de familia. Sin embargo, para a otros se convierte en una lucha diaria.

¿A qué edad debo comenzar el proceso?, ¿Se lo quito a golpes?, ¿Por dónde empezar?

No hay una edad exacta para dejar el pañal pues todo depende de la psicología y fase de preparación de tu hijo Eso sí, recomienda que sea entre los 18 a 24 meses de edad.

Si eres madre de un bebé necesitas saber que una incorrecta retirada podría llegar a provocar problemas.

Pasos para facilitar la transición del pañal al uso del baño en los bebés. Puedes hacerle las siguientes preguntas para saber si puedes comenzar a llevar a tu hijo al baño.

1. Identificar las señales.

- ¿Obedece instrucciones sencillas?
- ¿Camina y se sienta solo?
- ¿Trata de imitar a los adultos o hermanitos cuando van al baño?
- ¿Puede subirse y bajarse los calzones?

Si tu hijo comienza a mostrar estas señales, ya puedes ir pensando en retirar los pañales.

2. Compra el equipo necesario.

Invierte en un buen orinal (bacinica) o en un asiento especial que se acople al inodoro de tu baño. Esto le quita los nervios al niño de enfrentarse con el baño grande, a algunos niños les da miedo caerse dentro o les asusta el ruido al jalar.

3. Crea una rutina para niños.

Haz que tus hijos se sienten completamente vestidos en su orinal una vez al día, después de desayunar, antes de bañarse o según sea su horario de evacuación. Así se irá acostumbrando al orinal y empezará a aceptarlo como parte de su rutina diaria. Pon el orinal en un lugar accesible y conveniente. Como es portátil, puedes llevarlo al jardín o al cuarto donde suele jugar el niño.

4. Dile adiós al pañal.

Una vez que tu niño ya esté plenamente acostumbrado a sentarse vestido en su orinal, el siguiente paso es lograr que lo haga sin él. Esta es la etapa en que empezarás a explicarle que así lo hacen mami y papi (y los hermanitos que tenga) todos los días. O sea, explícale que cuando ya eres mayor te quitas la ropa antes de ir al baño.

5. Muéstrale cómo se hace.

Los niños aprenden imitando a los adultos, por lo tanto, la manera más natural de que aprendan a usar el inodoro es viéndote hacerlo. Cuando le estés mostrando a tu niño cómo se usa el inodoro, es bueno que le vayas explicando lo que estás haciendo y le muestres que al final te limpias, te vistes, jalas la cadena y te lavas las manos. Aunque tendrás que ayudar a tu hijo a bajarle y subirle la ropa y limpiarlo por algún tiempo, si él te ve haciéndolo, lo ayudará a entender el proceso.

6. Explícale el proceso.

La próxima vez que ensucie el pañal, llévalo a su orinal, siéntalo y luego vacía el pañal en su orinal por debajo de él. Esto le ayudará a asociar el acto de sentarse en el orinal y hacer popó.

7. Motívalo a ser independiente.

Motiva a tu niño a usar su orinal siempre que tenga ganas de hacerlo. Si necesita ayuda para subir y bajar sus pantalones o ropa interior, asegúrate que sepa que te lo puede pedir a ti, y que tú lo llevarás al baño cuando quiera.

8. Acepta sus "accidentes" con buen humor.

No hay niño que domine completamente el arte de ir al baño solito sin antes tener una serie de pequeños "accidentes". Cuando esto ocurra, no debes enojarte con tu niño ni castigarlo, recuerda que hasta hace muy poco tiempo tu hijo aún no había desarrollado completamente sus músculos, por lo tanto, no tenía el control necesario para lograr contener la orina o las deposiciones.

9. Entrenamiento nocturno.

Aunque tu hijo se mantenga limpio y seco durante todo el día, puede que pasen varios meses hasta que logre controlar sus esfínteres durante la noche, o sea que aún no te deshagas de sus pañales.

Es completamente normal que un niño moje la cama ocasionalmente durante los primeros años, para ayudarle a mantenerse séquito, no le permitas beber demasiado líquido antes de acostarse y recuérdale que si se despierta en medio de la noche, te puede llamar para que le ayudes a ir al baño.

¡Lo lograste! Ya no más pañales

Cuando tu hijo esté listo para aprender esta nueva habilidad, lo hará con éxito. Y si en lugar de tratar de apresurarlo esperas a que verdaderamente esté preparado, todo el proceso será mucho más fácil tanto para ti como para él.

¿Cuándo acudir al especialista?

Si las comparaciones son odiosas, en estos casos mucho más. Que un niño de 18 meses no tenga la misma facilidad para andar que su primo de la misma edad o de otro niño no significa en absoluto que tenga problemas de desarrollo. Cada pequeño tiene su ritmo, y solo ante ciertos casos hay que acudir a un especialista:

- **A los 12 meses:** Si no busca comunicarse con los adultos, ni siquiera visualmente.

- **A los 15 meses:** Si no es capaz de sostenerse de pie, tampoco con ayuda (agarrado a un mueble o a otro elemento). También conviene visitar al pediatra si no muestra ningún interés por explorar juguetes nuevos.

- **A los 18 meses:** Si no puede caminar. Otro síntoma de que puede tener algún problema en su desarrollo es que no reconozca ningún nombre de objetos cotidianos o que no sea capaz de obedecer órdenes sencillas del tipo: «Dame la pelota».

- **A los 24 meses:** Si todavía no ha dicho sus primeras palabras, no reconoce su nombre o no entiende instrucciones poco complicadas como «siéntate ahí». También es conveniente hacer una visita al especialista si camina con mucha dificultad.

Otra situación que se nos presenta muy a menudo en esta edad es tener que llevar al niño a la guardería, mamá y papá tienen que trabajar o estudiar y los abuelos no están presentes ni otros familiares significativos para atenderlos por lo que decidimos llevarlos a la guardería por primera vez por lo que deben comenzar el periodo de adaptación a esta nueva vida que llevarán a partir de ese momento.

Te indicamos algunas recomendaciones y pautas que pueden seguirse para tratar de ayudar a los niños a que el proceso sea menos traumático o logre una adaptación más rápida.

Si por los niños fuera estarían siempre con mamá o con papá, jugando, pasando tiempo, creciendo como seres emocionales que aún no saben nada de la vida.

Es cierto que ven otros niños y se alegran que les encanta compartir espacio con ellos pero que no cambiarían a ninguno de ellos por su madre. Y menos aún por varias horas al día de allí la importancia de seleccionar solo un medio turno

Lo más recomendable es que pasen los primeros años con sus padres, en un entorno conocido y estable. La guardería queda entonces como una solución a un problema, que no es otro que la ausencia de un cuidador.

Los padres debemos tener en cuenta que pueden adaptarse muy bien o no y tener claro que debemos ayudarles y tener mucha paciencia basada sobre todo en el amor, la comprensión y el dialogo para ello debemos Comunicarles con anticipación lo que va a pasar mediante juegos en la casa.

Se represente la vida en la guardería con muñecos para que ellos se anticipen a lo que va a pasar. Se puede hacer también representaciones con títeres.

A través de los personajes se crean diálogos y situaciones cotidianas para que el niño las vaya conociendo, como por ejemplo la llegada, con un "Buenos días Juan Pablo". "Soy Gabriela ¿me das un abrazo?", "¿Qué tal has dormido hoy?", "¿Quieres que juguemos mucho?", "Genial, pues vamos a decirle adiós a mamá y a explicarle que hoy vamos a jugar a un montón de cosas".

Cuanto más juguemos a ello, cuanto más entrenemos los personajes más veces vivirá la guardería en un entorno agradable (la vivirá en la imaginación, claro) y más cotidiano se le hará aquello que luego vivirá sin nuestra compañía.

Darles el tiempo que necesiten para su adaptación. Estableciendo un periodo flexible para la adaptación del niño para que vaya conociendo el nuevo entorno, su nueva cuidadora y sus nuevos amigos y amigas para que acabe sintiendo que está en un sitio seguro.

Lo ideal es que el primer día entremos con el niño y estemos con él, conociendo el nuevo ambiente durante un medio turno. Creando un clima de confianza y así, poco a poco, el niño debe ir pasando más tiempo con la cuidadora y menos tiempo con los padres.

El proceso debe ser gradual para que el niño no se sienta abandonado, sino formando parte de un nuevo ambiente seguro para él. "Despídete, siempre"

Son muchos los niños que, por desgracia y por no usar el sentido común, se han sentido literalmente abandonados en la escuela infantil. Pues es curioso que, teniendo esto en cuenta, los mismos padres sean capaces de aprovechar un momento en que el niño está entretenido para desaparecer y es aún más curioso (o absurdo) ver que son las mismas educadoras las que les hacen gestos de "vete, vete" porque han conseguido tener al niño entretenido.

Está claro que de este modo cuando la madre o padre se va el niño está tranquilo. "Qué contento se queda mi niño en la guardería", podrá hasta pensar algún padre. El problema es lo que sucede cuando el niño se da cuenta de que se ha quedado "solo". Ahí llega el momento en que se siente confuso, abandonado a su suerte. No sabe cuándo se ha ido y no sabe cuándo volverá.

Luego, lógicamente, cuando el niño está con sus padres no les deja ni respirar, no se separa de ellos porque no sabe cuándo, por arte de magia, volverán a desaparecer. Incluso duermen mal despertándose varias veces para cerciorarse, con cada despertar, que sus padres no se han volatilizado otra vez.

Hay que despedirse de los niños, siempre. Un besito, "te quiero", "me voy a trabajar", "luego vuelvo", "pásatelo muy bien, aprovecha para jugar mucho", etc. Le estás explicando que te vas, le comunicas que durante un rato no vas a estar y que luego vas a volver. Con el tiempo entiende que siempre hay una despedida y un reencuentro y es capaz de enmarcar ese tiempo "solo" entre ambos momentos, el "Hasta luego" y el "Hola, mi amor".

Comprensión

El ser comprensivos, muy comprensivos y ser muy empáticos, es quizás lo más importante. Apóyale, ayúdale y ten en cuenta que, si cambia un poco su relación con nosotros cuando está en casa, demandando más contacto y más tiempo con nosotros debes hacer lo posible por dárselo, porque nos está pidiendo que le demostremos que lo seguimos queriendo.

Separarte de la persona más importante de tu vida es muy difícil, si además esa persona es tu guía, tu referente, tu apoyo en los malos momentos, no sólo puedes sentirte triste, sino también desubicado y sin saber qué rumbo tomar

Poco a poco debe ir apareciendo la educadora, esa nueva persona que le hace de guía durante unas horas, con la que debe agarrar confianza. Como hemos dicho, esto no sucede en pocas horas ni en pocos días, por eso es necesario que ofrezcamos a nuestro hijo todo el apoyo posible para que la adaptación sea adecuada.

Mamá, Papá es muy importante que reconozcas las diferentes fases del desarrollo sexual de tus hijos desde la primera infancia hasta la Adolescencia, eso te permitirá tener los conocimientos y herramientas necesarias para orientar y actuar frente a cualquier situación que surja en su crecimiento y desarrollo, a medida que avances en la lectura te encontrarás con información muy importante la cual debes conocer y estar atento a las diferentes fases.

DESARROLLO SEXUAL DEL NIÑO DE 0 A 2 AÑOS (Fase Oral)

Esta es la primera fase de la evolución de la libido que va de los 0 a los 2 años de edad. Esta fase se puede dividir en dos:

En la primera, el niño(a) pasa la mayor parte del tiempo durmiendo. Los períodos de atención consciente quedando limitados a experiencias de nutrición como hambre, lactancia, saciedad, ruidos internos.

Cuando no se satisface alguna necesidad surgen emociones desagradables, lo que provoca las primeras experiencias de ansiedad en el bebé. Ansiedad por la falta de provisiones vitales. En esta fase el placer sexual está ligado predominantemente a la excitación de la cavidad bucal y de los labios, que acompaña a la alimentación.

Al nacer el niño(a) es privado de la simbiosis que mantenía con el cuerpo de su madre, esto hace que se ponga en funcionamiento la capacidad y la intención del pecho, de la madre y de la sociedad de alimentarlo. En esta fase el niño(a) vive y ama a través de la boca y la madre lo transmite por medio de los senos.

De esta coordinación entre madre e hijo(a) resulta una alta recompensa en términos de placer libidinal. A través de la boca y el pezón se genera una atmósfera de calor y mutualidad que ambos, madre e hijo(a), disfrutan plenamente y responden con la relajación.

El modo de acercamiento o de relación con el otro es la incorporación, pues el recién nacido depende de la entrega de sustancias exactamente en la boca.

Al inicio, la pulsión sexual se satisface por medio de una función vital, la alimentación, pero posteriormente adquiere autonomía y a través del chupeteo se satisface en forma auto erótica.

Entonces en esta etapa la fuente de satisfacción es la zona oral, el objeto de satisfacción se encuentra en estrecha relación con el de la alimentación.

En la segunda parte de esta fase la capacidad para asumir una actitud más activa y el placer derivado de ella, se desarrollan y maduran (en el niño). Aparecen los dientes, y con ellos el placer inherente a morder cosas duras, que no ceden a la presión, en morder objetos blandos y en destrozar otros con los dientes.

Para Freud en esta primera fase la libido está vinculada con la necesidad de mantenerse vivo mediante la succión de líquidos y la masticación de sólidos. Pero no solo la ingestión de alimentos satisface la necesidad de respirar y crecer por medio de la absorción. Estas formas de erotismo oral permiten el desarrollo de formas de relación social: la capacidad de obtener y tomar. Estas son formas de auto conservación necesaria para el ser humano en esta etapa de la vida. Los padres deben estar muy pendiente de cómo hablarles a los niños durante la primera infancia (Fase Oral). **¿Cómo Hablarles?**

Conductas Habituales

Descubrimientos y exploración de su cuerpo y sus genitales, placer al estar desnudos.

Formas de Abordar

Usar lenguaje sencillo y exacto para nombrar partes del cuerpo permitirles estar desnudos reconociendo su cuerpo

Consejos básicos para ayudar a los niños a enfermar menos.

Aunque, como decimos, son diversas las ocasiones en que nuestros hijos enfermarán durante la niñez, el estilo de vida que llevemos, y que en consecuencia lleven ellos, pueden ser cruciales a la hora de enfermar más o menos. Por esta razón, son varias las recomendaciones que pueden seguirse para tratar de que tengan el mejor estado posible de salud y, en consecuencia, menos probabilidades de caer enfermos, con todo lo que ello supone.

La Dra. Palak Shroff, especialista en medicina de familia en el Centro Médico de los Hospitales Universitarios de Cleveland, publicado por **Medline**, al que añadiremos alguna estrategia más que consideramos importante:

.-Darles leche materna.

La leche materna contiene células inmunitarias que pasan de la madre a los hijos, **fortaleciendo su sistema inmunitario**. Además, promueve la colonización de una microbiana intestinal adecuada, para prevenir problemas y enfermedades que lleguen a través del sistema digestivo.

.-Ponerles las vacunas sistemáticas.

Administrar a los niños **las vacunas del calendario** evita o disminuye el riesgo de que contraigan enfermedades peligrosas como la tos ferina, el sarampión, la difteria, etc., que se ven poco o nada en nuestro medio, pero que podrían volver si descienden las coberturas vacúnales de los pequeños.

.-Una dieta equilibrada.

La alimentación es crucial en la infancia (en realidad lo es toda la vida), y su salud será mejor si llevan a cabo una dieta equilibrada rica en fruta, verduras y hortalizas. Son alimentos con vitaminas, minerales y antioxidantes, esenciales para el sistema inmunitario.

.-Que duerman bien.

Tan importante es el comer como el dormir, así que los niños tienen que tener la posibilidad de dormir las horas que necesiten. Si por nuestro estilo de vida se acuestan tarde y luego los tenemos que levantar temprano por la mañana, pueden no descansar lo suficiente.

Esto provoca la pérdida o el fallo de los mecanismos de defensa naturales, aumentando el riesgo de enfermar.

.-Que hagan deporte.

Es bien sabido que el deporte es un seguro ante las enfermedades que acechan, a no ser que hagan demasiado y entonces entren en situación de cansancio o fatiga que luego no se recupere con el sueño. El **ejercicio** promueve una mejor circulación sanguínea, una mejor oxigenación, elimina tensiones y ansiedades, y esto tiene su reflejo en la salud.

.-Que sigan unas correctas pautas de higiene.

Y con esto no decimos que haya que esterilizarlo todo ni nada similar, sino que se laven las manos antes de comer (este simple acto previene **más de 200 enfermedades contagiosas**), que se tapen para toser y estornudar, y que se las laven también después de ir al baño.

.-Evitar el humo del tabaco.

En esto ellos pueden hacer poco. Es nuestra responsabilidad mantenerlos alejados del humo del tabaco. Los niños expuestos de manera regular al humo de los fumadores tienen más riesgo de desarrollar infecciones respiratorias, sitios cerrados como las escuelas infantiles.

.-No abusar de los antibióticos.

Cuando se utilizan para cuadros víricos o enfermedades que no los requieren, y cuando se dan pero no se completan las tomas pautadas, las bacterias pueden desarrollar resistencias. Si esto sucede, el día que de verdad sean necesarios, podrían **no funcionar adecuadamente**, y alargar innecesariamente las enfermedades y los daños provocados por estas.

DESARROLLO PSICOLÓGICO DEL NIÑO DE 2 A 3 AÑOS

Alrededor de los 2 años, el Sistema Nervioso del niño alcanza la madurez necesaria para acceder a nuevos aprendizajes, coordinar mejor sus movimientos, pero su capacidad de detener la acción y su voluntad aún no.

Le es más fácil comenzar una acción, que dejar de hacerla; ello hará que, en un momento dado, pueda coger rabietas y no sepa cómo salir de ellas, pueda pegar y/o morder, dar patadas. El control de su postura le permite ponerse de puntillas, intentar mantenerse sobre un pie, apilar en equilibrio más cubos que antes.

El movimiento es para él una necesidad, así como una fuente de placer.

Una nueva adquisición señalará un importante avance en la autonomía del niño, como resultado de su madurez. Se va a ir produciendo el control, diurno sobre todo, de los esfínteres y, alrededor de los 2 años y medio también nocturno.

Esta adquisición será aún frágil; cualquier cambio en el entorno del niño puede hacerle retroceder. En ese caso, se hará necesario ser muy comprensivo con él, no dramatizar más de la cuenta. En breve, volverá a recuperar dicho control. Para que el niño vaya avanzando en su autonomía, habrá que asegurar que su curiosidad natural no se vea frenada, siempre y cuando no se ponga en peligro su seguridad ni la de los demás. Será esta curiosidad la que le impulsará a seguir aprendiendo.

En la medida de lo posible, no se dejará a su alcance objetos, peligrosos o frágiles; si ello ocurre, será más conveniente distraer su interés hacia otro objeto antes que la prohibición.

El niño entra ahora en la llamada "fase del negativismo" o de oposición, en la que la actitud predominante va a ser de protesta o negación ante lo que se le dice o se pretende que haga.

Tanto puede aparecer de forma gradual, como bruscamente, transformando al niño de un día para otro. La cuestión más insignificante puede convertirse en el mayor de los conflictos; será difícil saber por dónde va a salir su oposición. Su afán por demostrar su independencia, le hará a veces hacer sólo cosas prohibidas. El conocer la existencia de esta "crisis de los 3 años" hará su obstinación más llevadera y comprensible, y se podrá ser más tolerante; por lo menos debería de ser así.

Durante los 2 a 3 años el niño es más independiente, puede caminar, correr, subir y bajar escaleras con ayuda de un adulto y bajo estrictas medidas de seguridad, hay que enseñarlo a agarra la baranda o apoyarse en la pared en caso que esta no exista. Inicia actividades por sí mismo. Puede comer y vestirse por sí solo.

A los 30 meses puede saltar con ambos pies, se para sobre un solo pie, da algunos pasos en punta de pie, salta desde una silla y tiene adecuada coordinación de las manos y los dedos.

En el período de 4 a 5 años el niño es más activo, puede saltar por encima de una cuerda, brincar, correr, tirar y recibir una pelota con ambas manos, trepar, caminar en línea recta, galopar y jugar con otros niños. Durante este período al niño le gusta demostrar sus nuevas habilidades motoras. Puede vestirse solo y el desarrollo de sus músculos finos les permiten manejar tijeras. A los cinco años el niño es más ágil ya que ha practicado sus habilidades motoras, se puede amarrar los zapatos, enlazar, abotonar, subir y bajar cierres, disfrutar con el creyón y lápiz.

El equilibrio alcanzado en esta etapa le permite al niño patear una pelota, caminar sobre una cuerda en el piso, patinar, marchar, saltar la cuerda y manejar una bicicleta. Los padres deben brindarles experiencias significativas en esta etapa, llevarlos al parque, Playas, u otros sitios de esparcimientos jugar con ellos con el balón, correr bicicletas, felicitarlos y estimularlos frente al éxito y cuando no sea así, mostrarle comprensión y aclárales las pautas correspondientes por supuesto siempre atentas a su ubicación y posibles peligros.

La mayoría de los bebés pasan por etapas parecidas en su desarrollo emocional y social pero durante los primeros cinco años de vida, los adultos también observarán que las personalidades individuales de sus hijos empiezan a manifestarse.

Durante los primeros seis meses de su vida, los bebés comienzan a sonreír a la gente, a disfrutar de que la gente les hable y que juegue con ellos, a imitar algunas de las expresiones faciales y movimientos que observan y a manifestar una preferencia hacia ciertas personas, usualmente sus padres.

Durante los siguientes seis meses, los bebés frecuentemente empiezan a sentirse tímidos y a tenerles miedo a personas desconocidas. Podrían llorar cuando su padre o madre se va y podrían indicar que prefieren a la madre, el padre o un cuidador más que a cualquier otra persona. Muchos ponen a prueba ciertos comportamientos con su padre o madre, como dejar caer un juguete o negarse a comer cierto alimento. Los bebés imitan no sólo los sonidos sino también los gestos y claramente gozan de la atención que podrían recibir como resultado de este comportamiento. Muchos bebés de esta edad comienzan a cooperar con la alimentación al agarrar alimentos que se comen con los dedos, o cooperan cuando se les está vistiendo al extender su brazo para meterlo en la manga de una camisa.

El segundo año

Un niño o niña que ha cumplido un año de edad todavía forma el centro de su propio mundo. Puede que le gusta jugar al lado de otro niño, pero realmente no comprende el concepto de compartir. Un niño de esta edad podría meter los dedos al ojo de otro niño o tirar su cabello sin darse cuenta que este comportamiento le duele al otro. Para aproximadamente los 18 meses de edad, la niña podría aprender su propio nombre y reconocer su propia reflexión en un espejo. Podría intentar ayudar a su padre o madre al imitar sus acciones en recoger juguetes o barrer. A medida que los niños se acercan a los 2 años de edad, los padres observarán que sus hijos intentarán distanciarse de ellos. Se comprenderá por qué se dice que esta etapa se llama la de "NO".

Los niños de dos años de edad insisten en independizarse. Parecen centrarse en sí mismos mientras aprenden poco a poco sobre el mundo más allá de ellos mismos. Muchos no quieren compartir cosas ni turnarse y puede que no jueguen fácilmente con otros. Se comportan de forma agresiva más frecuente y deliberadamente. Podría parecer que un niño niegue a hacerle caso a sus padres, y sin embargo imita exactamente los tonos de voz y las palabras de ellos al hablarle a otro niño o a su osito. Las emociones extremadas se presentan comúnmente.

Un niño de 2 años de edad podría portarse peor con la persona de quien más se fía. Los límites que necesita para su propia seguridad, así como para respetar los derechos ajenos, podrían provocar berrinches. No obstante, el niño también podría ser un compañero entusiasta que expresa el cariño abiertamente.

El niño de tres años.

Los niños de tres años frecuentemente están más dispuestos a estar separados de sus padres y disfrutan jugar con otros. Con ayuda, un niño podría desarrollar la capacidad de turnarse y de compartir cosas. Una niña podría hacer la cuenta de ser un personaje de un programa de televisión o un cuento. Muchos niños de tres años evidencian marcadas diferencias de género sexual en sus actividades. Podrían aprender a resolver los desacuerdos menores con los compañeros de juego para que el juego pueda seguir en marcha. A esta edad muchos niños tienen amigos imaginarios.

A veces, podrían necesitar ayuda para saber distinguir lo real de lo fantástico.

DESARROLLO SEXUAL DEL NIÑO DE 2 A 4 AÑOS (Fase Anal)

La fase anal es la segunda fase de la evolución de la libido y puede situarse de los 2 a los 4 años de edad. En esta fase la libido se organiza al alrededor de la zona erógena anal, el objeto de satisfacción está ligado con la función de defecación (expulsión retención) y al valor simbólicos de las heces.

La función auto conservadora del erotismo anal está dada por el proceso de evacuación de los intestinos y la vejiga y por el placer que provoca el haberlo hecho bien. Este sentimiento de bienestar compensa, al inicio de esta fase, los frecuentes malestar y tensiones padecidos por el niño(a), mientras sus intestinos aprenden a realizar su función diaria.

Esta fase se inicia, porque en el niño(a) aparecen excrementos mejor formados, el sistema muscular, se ha desarrollado y el medio social le demanda control de sus evacuaciones, introduciéndose así la dimensión de que él o ella pueden descargar voluntariamente y que tienen la capacidad de alternar a voluntad los actos de retener y expulsar.

El niño(a) obedece en esta fase a impulso contradictorios que van a caracterizar su forma de comportarse y de relacionarse con los demás. Estos son la retención y la eliminación. Su aparición va a alternarse. El desarrollo del sistema muscular le da mayor poder al niño(a) sobre el medio ambiente que le rodea, pues adquiere la capacidad para alcanzar y asir, para arrojar y empujar, para apropiarse de cosas y para mantenerlas a cierta distancia.

Esta etapa se caracteriza por la lucha del niño(a) por su autonomía, empieza a ver el mundo como yo tú, mí, mío. Es un niño(a) fácil de convencer si él (ella) ha decidido hacer lo que se espera de él (ella), pero es difícil de encontrar la forma de que desee precisamente eso. El niño(a) al mismo tiempo quiere acercarse y soltarse, acumular y descartar, aferrarse y arrojar. Por lo tanto, las relaciones sociales están marcadas por la antítesis soltar aferrarse.

Estas dos primeras fases de la sexualidad infantil se centran en el autoerotismo, en las fases siguientes aparece ya un objeto sexual externo al individuo. Para Freud el acceso al objeto libidinal se da en forma sucesiva que va desde el autoerotismo, el narcisismo, la elección homosexual y la elección heterosexual.

Entre los 3 y los 5 años de edad, los niños frecuentemente gozan de estar con sus amigos tanto que quieren agradarles y ser como ellos. Puede que están más dispuestos a aceptar las reglas. Podría parecer que les importa lo que dicen y hacen sus amigos, más que las normas de sus padres. Necesitan que se les enseñe la diferencia entre tener accidentes y portarse mal a propósito, así como la diferencia entre una acción mala y una persona mala. Usualmente comprenden la diferencia entre lo real y lo imaginario. Muchos niños de esta edad evidencian tener empatía a otras personas.

A esta edad, los niños empiezan a evidenciar un interés en las diferencias del género sexual y podría parecer que compiten con su progenitor del mismo sexo por la atención del otro progenitor (**American Academy of Pediatrics, 1993**).

Conductas Habituales

Interés por el cuerpo de los otros: curiosidad por los senos de la madre o el pene del padre, masturbación ocasional asociada a momentos de relajo, curiosidad por el cuerpo de los amigos de la misma edad, en un contexto de juego dudas sobre reproducción humana.

Formas de Abordar

Responder con lenguaje sencillo, sin dar detalles innecesarios.

Aclarar diferencias anatómicas de hombres y mujeres más allá de la genitalidad. Reaccionar con naturalidad ante exploración de los pares y mostrar el sentido de la privacidad de ciertas partes del cuerpo. Distraer al niño ofreciéndole hacer otra actividad, cuando esté tocándose, sin calificar aquello como "malo" o "sucio"

MODELO DE EVALUACIÓN DEL DESARROLLO DEL NIÑO DE 3 AÑOS EN LAS DIFERENTES ÁREAS

Área Motora Fina.

EDADES	Doblar papel / Recortar / Dibujo - Escritura
31-36	Imita doblar el papel en dos, en sentido vertical
31-36	Empieza a usar torpemente la tijera con punta roma.
31-36	Relleno irregular y se sale de los bordes

Área Cognitiva.

EDADES	Imita Modelos/ Cubos / Cuentos-escrituras / Rompecabezas y loto / Partes de cuerpo / Figura humana / Seriación y calculo
31-36	Cuando juega. Imita a adultos familiares como los abuelos y tíos.
31-36	Imita el puente con tres cubos.
31-36	Conoce los conceptos temporales de día y noche en relación con sigo mismo.
312-36	Es capaz de seguir la secuencia completa de un cuento corto con ilustraciones y hace preguntas.
31-36	Arma rompecabezas de cuatro piezas grandes con ayuda.
31-36	Dibuja la cabeza, brazos y piernas en la figura humana.
31-36	Reconoce con objetos: todo, mucho, poco, ninguno

Área Afectiva

EDADES	Interacción Familiar / Extraño
31-36	Saluda con expresiones verbales a adultos conocidos espontáneamente.
31-36	Duerme tranquilo con familiares o desconocidos.
31-36	Dice su edad correcta con los dedos.
31-36	Es capaz de mostrar intencionalidad emociones con su rostro, alegría, rabia, etc.

Área Social

EDADES	Alimentación/Esfínteres/Aseo Personal/ Juego/Música/Interacción social/Interacción Con amigos/ Modales/comunidad.
31-36	Usar el tenedor y la cucharilla adecuadamente.
31-36	Control nocturno intermitente de pipí.
31-36	Se desviste con poca ayuda.
31-36	Se cepilla los dientes con estímulo y bajo supervisión
31-36	Juega cooperativamente a imitar escenas conocidas.
31-36	Hace movimientos con segmentos de su cuerpo baila. Ejemplo: mano, pies.
31-36	Manifiesta su desagrado cuando algo no le gusta.
31-36	Apoyo verbal o físico a los sentimientos de sus amigos.

| 31-36 | Dice "gracias" si se le recuerda. |
| 31-36 | Acude al adulto cuando anticipa un peligro. |

Área Moral

EDADES	Sensibilidad/ Autocontrol / Cooperar-competir
31-36	Reconoce cuando a alguien le pasa algo malo.
31-36	Es capaz de esperar unos minutos antes de que lo entienda su cuidador.
31-36	Juego paralelo con niños de su edad.
31-36	Discrimina dos sonidos onomatopéyicos asociándolo al objeto que los produce (tic-tac... run-run).

Área Lenguaje

EDADES	Sonidos/ Compresión de ordenes/ Señalar/ Gestos/Expresar/Nombrar/ Canciones-cuentos
31-06	Discrimina dos sonidos onomatopéyicos asociándolo al objeto que los produce (tic-tac... run-run).
31-36	Ejecuta una orden en dos etapas sin presencia del cuidador: "ve a la cocina, me traes el pan y la mantequilla.
31-36	Señala cosas conocidas en el parque.
31-36	Señala cosas con los dedos.
31-36	Usa oraciones de tres palabras empleando un lenguaje más completo artículos,

	pronombres, plurales, etc.
31-36	Inicia oraciones de tres palabras bien construidas.
31-36	Canta una canción completa con anterioridad. Se deleita con el ritmo y sonido.

CAPÍTULO CUARTO
DESARROLLO SOCIAL DEL NIÑO DE 3 A 4 AÑOS

Alrededor de los cuatro años, nuestro hijo inicia una nueva etapa vital en la que va a descubrir el placer de vivir rodeado de gente. Abandona paulatinamente su apego hacia nosotros, ya no siente la necesidad estar siempre tras nuestros pasos e incluso experimenta la sensación de que ya no le bastamos para divertirse: necesita gente distinta y nuevos alicientes. Empieza a comprender lo divertido que resulta relacionarse con otros niños de su misma edad con quienes comparte intereses, y pronto toma conciencia del inmenso placer que supone el ser independiente de los mayores

Aunque la familia sigue ejerciendo una gran influencia sobre él, y los padres seguimos siendo las figuras más importantes de su vida, necesita a sus amigos para jugar, comienza a compartir y respetar algunas reglas, a imitar determinados comportamientos de los adultos, a identificarse con los amigos de su mismo sexo... Se está socializando, está aprendiendo nuevas pautas de conducta, está madurando.

Los dos contextos educativos más importantes para el desarrollo social de nuestro hijo en torno a los 4 años son la familia y la escuela. La escuela complementa al hogar facilitando la progresiva integración de nuestro hijo en la sociedad: se adaptará a un ritmo de vida, actividades, horarios, normas y comportamientos diferentes a los que ha seguido hasta ahora en casa. Los sentimientos de afecto, amistad, compañerismo y ternura que se generan contribuirán a desarrollar en él una mayor sensibilidad hacia los demás.

A esta edad, le gusta relacionarse con otros niños estableciendo una comunicación más variada y más rica en matices, ya que ha ampliado su vocabulario. Es en la escuela donde el niño realiza un mayor número de contactos sociales y puede dedicar más tiempo a la relación social con el grupo de juego. Básicamente, todos sus amigos lo son porque participan de juegos comunes y sus intereses lúdicos son parecidos.

El juego individual ya no le divierte tanto como antes, prefiere aquellas actividades en que participen grupos de dos o tres niños generalmente de su mismo sexo. Aunque continúa siendo bastante egocéntrico empieza a respetar su turno, a compartir sus juguetes y a pensar qué sienten sus compañeros. Esto le permitirá poco a poco afianzar su identidad, aunque le cueste más de una decepción y más de una pelea con sus amigos por defender sus intereses. Los conflictos entre sus amigos, tan repetitivos y pasajeros, le permitirán ir controlando las frustraciones y la agresividad, y le enseñarán a aceptar los fracasos.

El juego simbólico o de imitación adquiere mucha importancia a esta edad. A nuestro hijo le gusta mucho adoptar el papel de otras personas (familia, profesor, personaje de ficción) e imitar las actividades que ven realizar. Nosotros seguimos siendo sus modelos más influyentes y es nuestra responsabilidad mostrar patrones y valores sociales valiosos. En sus juegos teatrales no mantiene mucho rato el mismo papel, sino que cambia de un personaje a otro con la mayor facilidad. Por ejemplo, puede simular que es Superman y acto seguido que conduce un coche como su madre. Esta clase de juego también aparece cuando el niño juega en grupo. Cada uno representa un papel tras haber llegado a un acuerdo ("tú harás de papá y yo de mamá", "tú serás un elefante y yo un león"). Como el juego es colectivo cada niño sabe que debe desempeñar bien su papel para que el juego sea coherente.

Debemos permitirle relacionarse con los demás con entera libertad, con nuestro apoyo afectivo y nuestra confianza pero sin mediar en sus conflictos sociales, potenciando así su independencia y autonomía, la seguridad en sí mismo y su autoestima.

5-11 años: "Voy a la escuela: maestros y compañeros". La entrada en la escuela marca un hito importante en la evolución del niño: que empiece a "sentirse grande". Toda su curiosidad y energías se centran en el aprendizaje, gracias a las habilidades de leer y escribir que adquiere. La vida es ahora como una aventura: su pensamiento se hace cada vez más flexible, capaz de poner en relación ideas y conceptos nuevos.

El niño descubre el sentido del tiempo y la historia, la grandeza del espacio físico y la geografía; los números superan de mucho los dedos de las dos manos y las operaciones matemáticas le llevan progresivamente a la abstracción mental; su cuerpo responde como nunca, coordinando los movimientos necesarios en las varias actividades físicas que realiza; las actividades manuales se le dan de maravilla, ya que sus dedos tienen una precisión hasta entonces desconocida, y sus dibujos parecen "casi" una obra de arte.

Son felices cuando los padres se asombran con él por sus descubrimientos o cuando se alegran de los trabajos realizados, reconociendo su esfuerzo por hacerlo bien.

El radio de acción del niño es cada vez más amplio: al ambiente familiar se añaden la escuela y el barrio.

En la escuela el niño se encuentra inmerso en un contexto más estructurado con respecto a la guardería, con normas sociales necesarias para el aprendizaje de todos. El maestro, nueva figura de adulto significativo, es admirado por sus conocimientos, a veces temido por su autoridad (aunque no debería serlo, si la autoridad está bien entendida y utilizada) y otras muchas veces es imitado como modelo positivo.

El niño suele compartir con los padres los sucesos de su quehacer diario, cuando éstos demuestran su interés en escucharles: "Papá, ¿sabías que...?".Es también la edad en que empiezan los acertijos: "Mamá, adivina: ¿qué hacen...?".

Los padres a veces están ocupados, cansados por el trabajo o pueden tener preocupaciones. No obstante, sería conveniente que, aunque durante poco tiempo, les dedicaran atención exclusiva, para que así los niños sigan percibiendo que son importantes y queridos por ellos. Hay que tener en cuenta también que los niños tienen "antenas" y perciben mucho más de lo que los adultos podemos imaginar.

Esto significa que en toda situación de dificultad, preocupación o conflicto se debería siempre intentar tranquilizar al niño, asegurándole que el afecto de ambos padres por él, sigue constante.

Es la edad perfecta para explorar los intereses del niño en las artes y manualidades, conocer sus gustos apoyando y estimulando sin imponer sus deseo de aprender y practicar las manualidades, la música, pintura, danza u otras manifestaciones que van a contribuir a su desarrollo integral herramientas que le servirán mucho en la transición a la adolescencia y adultez.

Cómo enseñar a los niños a evitar el "peligro de los desconocidos"

Aunque nuestros niños preescolares se vayan independizando, todavía necesitamos supervisarlos de cerca, pero también queremos enseñar a nuestros hijos acerca de tratar con la gente desconocida.

Un aviso a los niños sobre el "peligro de los desconocidos" puede ayudarlos tanto a estar a salvo como a disminuir la ansiedad de los padres. ¿Cómo podemos enseñar a los niños a ser cautelosos con los desconocidos pero no demasiado miedosos?

"Dígale que no debe hablar con los desconocidos."

Su niña quizá no entienda que los desconocidos se ven similares a la gente que ella ve todos los días. Tal vez se pregunte también por qué está bien hablar con un maestro o vecino nuevo personas que son desconocidas al principio y no a otros. Explique unas reglas sencillas para mantenerse segura.

Trate de practicar o hacer papeles de situaciones que implican el uso de estas reglas con su hijo.

- "Está bien hablar con alguien si estoy contigo o cuando te digo que está bien."

- "Los adultos que necesitan ayuda deben pedirla a otros adultos, *no a niños*. Esto incluye llevar un paquete o encontrar un lugar o un perrito perdido."

- "Quédate cerca de mí o del adulto con que andas en lugares públicos, como tiendas o parques."

- "Si no estás cerca de nosotros, quédate a la distancia de un brazo o más lejos de alguien a quien no conoces.

- Aléjate o corre por ayuda si un adulto desconocido se acerca demasiado. Grita y patea si un desconocido te agarra."

- "Si te pierdes, busca a un policía, un guarda de seguridad o un tendero.
- Si estás separado de mí o del adulto con que andas en un lugar público, como una tienda o un centro comercial, quédate allí mismo hasta que alguien te halle."

- "No vayas a ningún lugar con alguien que no conoces."

- "Nunca acepta nada de un desconocido."

- "Haz caso de tus sentimientos. Si estás asustado, aléjate de allí y busca a quien te ayude."

DESARROLLO PSICOLÓGICO DEL NIÑO DE 5 A 6 AÑOS

Esta es una edad fácil, más conformista. Los conocimientos adquiridos hasta ahora se organizan y solidifican. Su matricida es ahora más tranquila, lo cual le permite también disfrutar en espacios reducidos (el año anterior aún necesitaba espacios grandes). Su matricida sigue perfeccionándose.

El niño expresará en sus dibujos lo que se conoce como "realismo intelectual", es decir, lo que dibuja no es la realidad (objetivamente hablando), sino los objetos tal y como son para él (lo que él sabe de ese objeto). Así observaremos transparencias entre un objeto y otro, desproporciones, falta de planos,...

1. El niño expresará con dibujos, lo que no puede expresar de otro modo.
2. En el juego se observan diferentes intereses, según se trate de niños o niñas.
3. Aparecen los amigos inseparables de su mismo sexo.

Importante en esta edad, es que la lateralidad o predominio del lado derecho o izquierdo (de mano, ojo y pie), suele estar bastante definida. Utilizará más y será más hábil con su mano dominante, sea una u otra.

Es muy Importante que si el niño es zurdo no trates de cambiar el uso de su mano sobre todo al iniciar la escritura, al contrario debes apoyarlo con mucha paciencia, no cuestionarlo ni aplicar castigos, el niño al dominar la lateralidad izquierda poco a poco irá desarrollando la derecha con mayor precisión.

Este proceso se va completando hasta los 6 años, pero ya se ha de ir definiendo, pues ha de estar claro antes de que se produzca el aprendizaje de la lectoescritura. Una lateralidad poco clara complicará los aprendizajes y repercutirá en otras áreas de su vida. En estos casos, se le debe ayudar a lateralizarse, descubriendo cuál es su lado dominante.

Todavía no reconoce la derecha e izquierda en el cuerpo del otro. Si se detectan defectos de pronunciación en el lenguaje será conveniente consultar a un especialista infantil.

Le gustan mucho los cuentos, pues aunque aún no sabe leer pasa largos ratos mirando los dibujos. Le gusta terminar lo que ha empezado, tanto en el juego como en la conversación. Le molesta dejar algo a medias.

Se encuentra en una actitud muy receptiva, en la que el mundo externo es muy importante. Los niños de esta edad son muy diferentes los unos de los otros.

Conductas Habituales

Compartir descripciones sobre reproducción humana, curiosidad sexual entre pares del mismo o distinto sexo. Esconder de los adultos los juegos en que intercambian curiosidad sexual, masturbación ocasional.

Formas de Abordar

Introducir a los niños en los conceptos básicos de reproducción, partiendo por chequear qué es lo que los niños entienden o qué es lo que han conversado con sus amigos.

Clasificar dudas, mitos o confusiones, dejar abiertas las posibilidades de que los niños planteen sus dudas

Desarrollo sexual (Fase Fálica)

Es la fase de organización infantil de la libido que sigue a las fases oral y anal y se caracteriza por una unificación de las pulsiones parciales bajo la primacía de los órganos genitales, pero a diferencia de la organización genital puberal, el niño o la niña no reconocen en esta fase más que un solo órgano genitales, el masculino, y la oposición de los sexos equivale a la oposición fálico castrado... **(Laplanche, Jean y Jean Bertrand Pontalis, 194,9 p. 148**).

En esta fase es vivido el Complejo de Edipo, más o menos entre los 3 y 5 años de edad, su declinación señala el inicio del período la latencia. Este Complejo desempeña un papel fundamental en la estructuración de la personalidad y en la orientación del deseo sexual.

El Complejo de Edipo es el conjunto organizado de deseos amorosos y hostiles que el niño experimenta respecto a sus padres. En su forma llamada positiva, el complejo se presenta como en la histérica de Edipo Rey: deseo de muerte del rival que es el personaje del mismo sexo opuesto.

En su forma negativa, se presenta a la inversa: amor hacia el progenitor del sexo y odio y celos hacia el progenitor del sexo opuesto. De hecho estas dos formas se encuentran, en diferentes grados, en la forma llamada completa del complejo de Edipo... **(Laplanche, Jean y Jean Bertrand Pontalis, 1994, p. 61)**.

El niño se enamora de su madre y abriga deseos de muerte hacia el padre a quien ve como rival y teme ser castigado con la castración por querer que éste desaparezca. La niña se enamora del padre y quiere que la madre se valla y se considera castigada por no poseer pene. Ambos desean excluir a todos los demás de la relación que tienen con el padre que es objeto de su amor.

Estos deseos de muerte o desaparición del padre del sexo opuesto provocan un profundo sentimiento de culpa. Culpa por haber cometido un crimen que no ocurrió y que biológicamente es imposible de realizar.

Esta culpa inconsciente y la prohibición del incesto hacen que el individuo desplace su iniciativa y curiosidad hacia ideales deseables y metas prácticas e inmediatas, hacia la realización de cosas. Así se olvida el Complejo de Edipo y el niño(a) entra en la latencia.

El individuo experimenta una reviviscencia del Complejo de Edipo durante la pubertad y es superado, con mayor o menor éxito con la elección de un objeto sexual. Freud le asigna al Complejo de Edipo tres funciones fundamentales que son:

La elección del objeto de amor, la cual está condicionada, después de la pubertad, por la libido depositada en el objeto y las identificaciones realizadas durante el Complejo de Edipo y las prohibición del incesto. El acceso a la genitalidad que es dada por la resolución del Complejo de Edipo a través de la identificación.

Efectos sobre la estructuración de la personalidad. <Freud> considera que en esta fase hay una organización muy parecida a la del adulto, por lo que la ubica como genital. El niño(a) elige un objeto sexual externo y hacia este objeto sus tendencias sexuales. Lo que la diferencia de la organización sexual madura es que sélo reconoce como órgano genital el masculino.

A esta edad los niños inician una actividad masturbadora. Pasan mucho rato tocando sus genitales, no solo por el placer que les proporciona, sino porque lo han descubierto y quieren explorarlo y conocerlo. Otra de las características importantes de esta etapa es el descubrimiento de que existen diferencias sexuales entre las personas y que el niño(a) pertenece a un sexo determinado.

Este descubrimiento pudo haberse gestado en la relación que el niño(a) tenía con sus padres y se profundiza ahora que se relaciona más con niños(as) de diferentes sexos y de su misma edad. A esta edad, la sexualidad infantil hace referencia a cómo descubren su pertenencia determinado sexo, cómo adquieren características, conductas y comportamientos que son distintivos de su sexo y de cómo reaccionan ante las sensaciones de placer que brotan de su cuerpo.

El niño(a) descubre que pertenece a un sexo porque ha logrado un dominio suficiente sobre su cuerpo, que le permite explorar aspectos de la vida que involucran a los otros, ya no se le limita solo a él. Además, porque la utilización del lenguaje le permite preguntar, observar y pensar. El lenguaje le permite un diálogo interno que le lleva a investigar y explorar.

Por otro lado, el desarrollo de su inteligencia le posibilita hacer comparaciones entre las cosas y clasificarlas, puede diferenciar entre un genital y otro y agrupar en una misma categoría a todos los que tienen pene y diferenciarlos de los que tienen vagina. Empieza a clasificar a hombres y mujeres y él (ella) se incluye en uno u otro por comparación.

El descubrimiento del sexo lleva al niño(a) a explorar y conocer más. Esto lo hace mediante dos formas:

- **PREGUNTAR:** El niño(a) pregunta porque desea conocer más. Esto puede causar ansiedad en los padres. De las respuestas que los adultos le den al niño(a) depende que éste se forme una idea correcta o incorrecta de la sexualidad. Las respuestas deben ser concretas, precisas, respetuosas, utilización de un lenguaje sencillo sin afectaciones, y sin burlas o comentarios que no vienen al caso y menos aún si se hace frente otras personas, originando vergüenza al niño.

Los niños(as) buscan respuestas que no sean complicadas, solo un poco de información, pues volverán sobre el tema una y otra vez.

- **MANIPULAR:** Es en esta etapa cuando el niño(a) empieza a tocar sus genitales por el placer que resulta de esto y con una forma de conocer más. Esta idea de que el niño(a) se masturba puede causar sensaciones incómodas en algunos adultos lo cual debe manejar con mucha prudencia, no reprender al niño, sino distraer su atención, contarle un cuento, invitarlo a jugar, acuérdate que el simplemente está conociendo su cuerpo.

En esta edad, el niño también puede dar muestra de exhibicionismo (exhibición de los genitales), de voyerismo (mirar los genitales de otros) y de una curiosidad persistente por la anatomía de los individuos del sexo opuesto o del mismo. Estas conductas son normales y no tienen las connotaciones que le da el adulto.

Al descubrir el niño(a) que pertenece a un sexo determinado, empieza a imitar al progenitor de su mismo sexo. El niño se fija en el modelo masculino que tiene más próximo, el padre y la niña en el femenino, la madre. Ellos quieren parecerse a sus papás. Padres y madres solos, deben procurar la asistencia y acompañamiento de una persona familiar de su confianza en el caso de ser niño o niña.

Esta capacidad para imitar es adquirida por el niño y la niña no solo porque descubren que pertenecen a un sexo sino porque es una forma de acceder al padre del sexo opuesto. En su elaboración del Complejo de Edipo el niño y la niña se dan cuenta de que pareciéndoseles al padre del mismo sexo pueden lograr que el padre del sexo opuesto se enamore de él o ella.

Cuando aparece la prohibición del incesto en la relación padre hija o madre hijo y la castración como castigo, el (la) reprime su deseo que el progenitor, para ya las características culturales y comportamentales que caracterizan a cada sexo han sido adquiridas por el infante a través de la imitación.

Entonces, el niño(a) aprende a comportarse según su sexo, porque la imitasen le permite entender esas conductas. El (ella) necesitan imitar las actividades que realizan los padres porque debe probar los diferentes comportamientos para aprender normas de conducta adecuados para su sexo.

Por esta razón no es necesario forzar a los niños (as) a que aprendan a ser hombres o mujeres. Ellos mismos, en su proceso de imitación irán aprendiendo a hacerlo sin necesidad de exigencias o imposiciones innecesarias. Lo importante es que los modelos por imitar sean lo suficientemente adecuados.

Como en las etapas anteriores, la genital también agrega una modalidad de relación social que es la conquista. El niño(a) aprende a conquistar, a competir, a insistir para alcanzar una meta y esto le produce placer.

DESARROLLO PSICOLÓGICO DEL NIÑO DE 6 A 7 AÑOS

Durante esta etapa del desarrollo se presentan cambios bruscos. Es una edad algo difícil. Se muestra hipersensible, susceptible e irritable. Habrá que cuidar mucho las reacciones ante sus acciones o sus errores. **Se espera más de él. Las exigencias sobre él son mayores.**

Se producen cambios en el organismo: caen los dientes de leche y empiezan a salir los primeros molares definitivos. Todo el organismo se hace hipersensible: son frecuentes las molestias físicas de anginas, pies y piernas, fatíga,... se le darán los cuidados que precise, pero sin demasiados papachos, pues se favorecería la fragilidad.

El ejercicio y una buena alimentación le ayudarán mucho en su desarrollo físico. Se observan bruscos cambios de humor que le hacen rechazarlo todo y no querer nada, seguido de arrepentimientos y acercamiento social.

Hay nuevos progresos motrices: en su juego hay un gran derroche físico. Se distrae fácilmente: su impulsividad le hace no percibir los peligros.

El niño de esta edad continúa sometido a lo que percibe de forma inmediata, y esa percepción aún no es capaz de corregirla mediante el razonamiento lógico (de la misma forma que lo viene haciendo en los tres últimos años).

El niño de esta edad iniciará su etapa en la escuela, muy distinta a la que era en preescolar: ahora se enfrentará a más exigencias. Se le intentará facilitar esta adaptación: se le preparará hablando con él sobre lo que le espera (dónde irá, con quién, qué hará,...).

El principal objetivo del curso será el aprendizaje de la lecto-escritura. Si el niño está maduro para ello, en poco tiempo aprenderá. Deberán darse una serie de condiciones y estructurarse su horario escolar, recreación y cumplimiento de pequeñas tareas en el hogar, como recoger su ropa, usar las servilletas, hora de descanso etc.

Un dominio suficiente del lenguaje hablado (que distinga sonidos, palabras,...) que su inteligencia se encuentre ya en el nivel analítico, es decir, que sea capaz de aislar y diferenciar formas, componer y descomponer grupos de letras,..

1. Una buena lateración.
2. Buena organización de tiempo y espacio.
3. Una visión y audición dentro de la normalidad.
4. Una buena psicomotricidad.

Es importante no forzar al niño a iniciarse en la lectura, por el hecho de tener 6 años. Tendrán que revisarse las condiciones mencionadas, y trabajar la o las que falten, para que más adelante pueda darse dicho aprendizaje sin problemas.

- Forzar al niño y dramatizar su fracaso en la lectura, solo provocaría en él un rechazo total hacia todo lo relacionado con la lectura y por extensión a otras asignaturas, viéndose así afectado su éxito escolar.

El cálculo será el otro aprendizaje importante del curso: clasificar, ordenar, aprender las series de números... Para ello, se requerirán las mismas condiciones que para la lecto-escritura. Con frecuencia a esta edad se da una nueva fase de "por qué".

Sabe conversar con fluidez. Muestra interés por los cuentos clásicos, y por la naturaleza, los animales, las plantas,... Conoce algunos de estos cuentos de memoria y es capaz de contarlos.

En ocasiones los niños pequeños manifiestan conductas como los enfados o pegar, que son señales externas de un problema interno. Estos comportamientos están expresando que tiene malestar a nivel emocional. Puede deberse a algún cambio familiar o una reacción ante un estímulo que rechazan.

Lo que está claro es que el niño está experimentando una serie de emociones que exterioriza a través de la ira. No obstante, los padres tenemos que enseñar a nuestros niños a expresar sus emociones negativas de una manera adecuada. Como toda persona, los niños tienen derecho a experimentar emociones negativas y los adultos debemos adoptar una mirada empática y comprensiva hacia estas emociones de nuestros hijos.

Es obvio que las conductas agresivas (pegar, insultar...) o potencialmente peligrosas no pueden permitirse. Para ello necesitamos primero comprenderles y después darles un patrón adecuado de conducta que ayude en cada situación. De esta manera conseguiremos personas más adaptadas y más inteligentes emocionalmente.

¿Cómo podemos ayudarles?

Verdaderamente, como educadores en general, debemos ofrecer un espacio y permitir la expresión de emociones negativas (tristeza, rabia, celos, frustración...) de los niños. Muchas veces, desvalorizamos las emociones de los niños y tratamos de negar o impedir que tengan emociones negativas.

De esta manera, cuando comprendemos el malestar emocional de los niños, somos más capaces de acompañarles en su proceso, darles apoyo y contención, permitirles expresarse y canalizar este tipo de emociones.

Cuando los niños pegan a otras personas o a nosotros, debemos darles una explicación breve y sencilla de que no deben hacer eso. Por ejemplo, decirle: eso no me gusta, me haces daño.

Además de esta explicación, es muy importante que le enseñemos una alternativa a este comportamiento. Cuando el niño esté ya más tranquilo, podemos decirle que cuando se enfade te diga: estoy muy enfadado, o estoy triste, por ejemplo. Así le estamos enseñando una alternativa a pegar.

De esta manera, además, le estaremos enseñando a verbalizar sus emociones, a ponerle palabras a lo que siente. Es importante que creemos espacios de diálogo en el que el niño pueda contar con palabras lo que le sucede. Podemos inventar cuentos en los que el protagonista habla de sus emociones. Esto le ayudará a desarrollar su expresión verbal.

Por otra parte, es esencial tener en cuenta que los niños aprenden observando e imitando principalmente.

Es muy importante que no vea comportamientos agresivos en las personas de su entorno. No debemos responder nunca con un cachete, ya que si nosotros pegamos, estaremos legitimando con nuestros actos esta conducta.

Del mismo modo, debe evitarse la exposición del niño a otro tipo de conductas agresivas, como tonos de voz amenazantes, gritos o insultos, en la medida de lo posible. Por ejemplo, en la televisión es muy común que aparezcan estas actitudes. Sería positivo evitar que el niño viese contenidos televisivos de esta índole.

Para evitar el comportamiento agresivo de los niños en el momento en el que éste se produce, es eficaz la distracción: tratar de distraer su atención a otro estímulo para que la conducta cese, siempre después de haberle dado la explicación (no me gusta, por ejemplo), como comentábamos anteriormente.

Los castigos y las reprimendas no tienen mucho sentido para resolver este tipo de conflictos. Es más beneficioso el acompañamiento y la comprensión, junto con la breve explicación y el trabajo de expresión verbal de las emociones.

Asimismo, es esencial reflexionar sobre qué necesidad emocional no cubierta está provocando el malestar (y su exteriorización a través de la ira y la agresividad) para poder dar respuesta a dicha necesidad.

¿Cómo educar a tus hijos de acuerdo a sus propias Conductas y Acciones?

Cuando yo era un niño, "disciplina" significaba que mis padres decidían quitarme algunos de mis privilegios favoritos cuando me portaba mal. Por ejemplo: no veía televisión, no podía ir al parque. No tenía derecho a tomar mi postre preferido, debía permanecer sentado por varios minutos o más, se apagaba la tele, no podía salir a jugar con mis amigos y así sucesivamente.

Aunque este tipo de correcciones disciplinarias puede hacer que los niños colaboren en el corto plazo, las investigaciones han demostrado que no es la mejor manera de enseñar, educar y dar lecciones para toda la vida.

"Los niños no aprenden cuando se sienten amenazados".

Tu hijo puede cumplir con tus normas porque tiene miedo de lo que sucederá si no lo hace pero, él no comprende qué es correcto y qué no.

En la época actual los especialistas nos aconsejan a dejar que nuestros hijos experimenten las consecuencias de sus propios actos. "Si tu hijo se niega a ponerse la pijama" déjalo que pase frío y probablemente no va a dar lidia la próxima noche.

Para obtener un adecuado comportamiento en el presente y en el futuro, considera las siguientes estrategias.

Relacione: Una consecuencia es más probable que una lección útil cuando se relaciona, respeta y razona, explica "Si tu hijo derrama su comida, la consecuencia debe ser que limpie la zona que quedó sucia en vez de castigarlo con no jugar con sus amigos

Respeto: Significa que la consecuencia no implica vergüenza o humillación. Si dices, 'te lo dije', o si él siente pena después, reducirás el potencial de aprendizaje porque no se le enseña de la experiencia sino que la situación se centra en la culpa.

Un día, Carlito de 9 años quería llevar su domino a una celebración que había en la casa de su mejor amigo del colegio, sin embargo, su mamá sabía que era una mala idea. "Le advirtió que lo más probable es que extraviará una pieza" Pero él respondió "No te preocupes, yo me encargo de ello". Él lo llevó y la perdió. Fue tentador decirle que se lo había dicho pero, pude notar que Carlos admitió que había cometido un error y estaba muy decepcionado", dice su mamá.

Cuando ella y su esposo vieron la reacción de su hijo decidieron llevarlo a la tienda el día siguiente para que pudiera usar su ahorro y comprara un nuevo dominó. Por mantener la calma, permitieron a Carlos aprender una valiosa lección acerca de ser responsable de sus cosas y sus decisiones.

Razona: Implica que una consecuencia debe ser una tarea que tu hijo puede hacer dada su edad y madurez. Esto le ayudará a concentrarse en lo que ha hecho mal. Si tu hijo de 3 años de edad derrama un jugo en la mesa o el piso no espere que otra persona llegue a limpiar o usted, que lo haga él. Enséñale ahí mismo a limpiar lo que provocó. Por supuesto debes ayudarlo.

Mi hijo Carlos de 7 años discutió con su hermano por una pelota de fútbol, como este se negó a entregársela, tomó su cuaderno de historia y lo rompió, le explique las consecuencias de su acto y solicité su punto de vista de cómo debía resolver el daño causado, este opinó que compraría un nuevo cuaderno con sus ahorros y pasaría todos los apuntes de su hermano.

Lidiar con el gimoteo: El "si no lo haces", esta frase hace que suene como una amenaza, por lo que tu hijo va a pensar que el punto es hacerle pagar lo que le pediste. Sin embargo, puedes convertir esta situación en una consecuencia lógica como: "Cuando hayas terminado de clasificar la ropa, entonces podrás ver tu programa favorito", afirma su madre.

"Una norma de nuestra familia es que todos los juguetes deben ser puestos a final del día en el lugar que les corresponde porque si los dejan serán llevados a la basura", dice Angélica una madre de tres niños de edades entre los 4 años y 10 años.

"Mis hijos saben que si no se hacen responsables de sus cosas, la consecuencia es que pierden el privilegio de contar con ellos", añade esta mamá.

"Mi hijo de 3 años no puede manejar la responsabilidad de jugar muy bien con sus hermanos entonces pierde el privilegio de llegar a jugar con ellos. Cuando él no me habla respetuosamente, no va a tener el privilegio de ser escuchado. Sin embargo, en vez de decirle: "¡No te atrevas a hablarme de esa manera!" calmadamente le explico, "yo estaré encantada de discutir esto contigo si eres capaz de hablar de ello con respeto. Me puedes encontrar en mi habitación cuando estés listo.", explica Angélica

Otra situación que me sucedió fue cuando fui a buscar a Carlos al Colegio para después a recoger a Israel a la escuela superior, Carlos me pidió comprarle un refresco, lo cual hice, pero al momento su hermano acalorado entró al vehículo y le pidió un poco a lo cual se negó tratando de ingerírselo todo, inmediatamente le retire la bebida y le dije que sí no podía compartir tampoco tenía derecho a tomar, e inmediatamente compartió con su hermano.

¿Cómo enfrentar los trastornos de conducta de los niños?

En una sociedad en la que se busca la autosatisfacción instantánea, cada vez es más común que los niños, niñas y jóvenes manifiesten problemas de conducta debido principalmente a su falta de habilidades para manejar la frustración. Pero existen técnicas muy efectivas para modificar el comportamiento inadecuado por medio de la disciplina positiva y en este artículo, aprenderás cinco estrategias muy útiles para ello.

Primero: Decide cuál es la primera conducta que quieres modificar. Los padres suelen hablar de forma atropellada acerca de los interminables problemas de comportamiento de sus hijos.

Sin embargo, cuando les pides que te aclaren de forma concreta cuáles son aquellas conductas que realmente les preocupan, pocos saben contestar a la pregunta.

Para conseguir modificar la conducta de tu hijo dedícate a observarlo por una semana y escribe en un papel cuáles son las 5 conductas que más se repiten. Puedes aplicarlas estrategias que se nombran en este artículo para modificar la primera de ellas y luego, repetir el proceso con las 4 siguientes.

Segundo: Escoge la respuesta que vas a tener frente a la conducta indeseada. Cuando se trata de mejorar el comportamiento de un niño, es necesario que todo esté bien planificado. Por ello, debes elegir de qué manera vas a reaccionar a la conducta indeseada cuando esta se presente.

En la medida de lo posible, elige respuestas basadas en la disciplina positiva, es decir, que ayuden al niño a ser mejor persona, no peor.

Tercero: Aplica la respuesta de forma dulce y consistente. Cada vez que tu hijo emita el comportamiento inadecuado, responde con paciencia y sin acritud de forma sistemática. Por ejemplo, si has elegido modificar la conducta de no hacer los deberes, cada vez que el niño traiga una nota de la profesora, pídele que escriba otra nota a ésta explicándole por qué no realizó la tarea y fírmala con algo parecido a esto: "como verá, señorita, estamos trabajando en ello".

Por favor, no te regocijes en los errores que comete tu hijo y responde siempre con dulzura y comprensión, pero con firmeza, dejándole claro quién es el adulto.

Cuarto: Hazle saber que estás para ayudarle a desarrollarse como ser humano. En muchas ocasiones, son los mismos hijos los que desean modificar el comportamiento y se autocastigan cuando observan que cometen los mismos errores una y otra vez. Otros niños, se ilusionan cuando ven que son capaces de actuar de forma apropiada y se decepcionan cuando vuelven a "equivocarse".
Tanto en el primer caso, como en el segundo, es importante que le hagas saber que tú no puedes cambiar su conducta con una varita mágica, pero que sí puedes servirle de apoyo para conseguirlo.

Quinto: Celebra cada conducta deseable. Celebrar no es lo mismo que premiar de forma conductista, aunque tenga un efecto parecido. Se trata de que le hagas saber a tu hijo o hija que te alegras de que se esfuerce en cambiar y que deseas expresarle tu sentimiento de orgullo por el esfuerzo que está realizando.

Entre más inesperadas sean las respuestas que des, más efectivas serán. A todos nos gusta sentirnos protagonistas y apreciar el cariño de los otros.

Las emociones se contagian y en ello está la clave de tu respuesta ante las conductas apropiadas. Intenta en la medida de lo posible que estás respuestas sean siempre de tipo social como ver una película o ir a la playa.

Quizá te parezca demasiado sencillo esta receta de modificación de conducta, pero es que en realidad es algo bastante fácil. En mi consulta consigo cambiar conductas en menos de cinco minutos, simplemente "tocando las teclas que hay que tocar".

Una cosa te garantizo, ni yo, ni ningún terapeuta conoce mejor a tu hijo o hija que tú mismo, y sin embargo, juntos, podemos conseguir mejorar su conducta. Así que ¡anímate a intentarlo!

DESARROLLO PSICOLÓGICO DEL NIÑO DE 7A 8 AÑOS

El niño de 7 años se muestra más tranquilo que en el año anterior, se mueve menos. Controla más su comportamiento.

Muchos de los hábitos los realiza ya sólo: lavarse, vestirse,... pero aún precisa ayuda para hacer correctamente otros como bañarse, .debemos tener mucha paciencia en cuanto al tiempo uso de la ducha y cosmético, destacando la importancia del ahorro del recuro natural y del horario para el aseo, prevención de accidente.

Conoce las distintas partes de su cuerpo y de sus articulaciones (codos, rodillas, cadera,...).

Distingue con claridad el lado derecho y el izquierdo, tanto sobre sí mismo como en relación a otros.

Si no es así, se verán complicados los demás aprendizajes escolares, tal y como hemos indicado en anteriores edades.

A nivel de inteligencia, hay un importante cambio: alcanza las llamadas "operaciones concretas". Ello significa que se pasa a la reflexión y la comprensión lógica de las cosas; empieza a poder ponerse en el punto de vista del otro.

Disminuye, en contrapartida, el pensamiento mágico. El niño de esta edad sabe clasificar y hacer series, así como establecer correlaciones entre 2 o más series de objetos. Es muy importante ejercitar y evaluar lo logro en este sentido.

Se desarrolla más la conciencia de sí mismo y la de la conciencia moral. Se siente más responsable de sus acciones y de sus cosas.

Participa en el juego de los compañeros de su edad, respetando las reglas establecidas. Este espíritu de participación y cooperación se hará notar también en la familia; será un buen momento para favorecer y fomentar sus iniciativas.

Domina mejor sus emociones delante de los demás, así como sus miedos. Muestra más pudor en mostrar su cuerpo; no le gusta desvestirse delante de otras personas. Asimismo expresa gran interés por todo lo relacionado con el cuerpo (embarazo, nacimiento, cambios,...).

A esta edad, el niño debe haber aceptado el sexo al que pertenece, identificándose con el progenitor de su mismo sexo. Normalmente, esto ya se produce en torno a los 4-5 años.

Se propiciará realizar actividades conjuntas que les haga tener cierta complicidad.

Ante todo, para contribuir a su progresiva madurez, se fomentará el deseo de hacerse adulto y de reafirmarse como persona.

DESARROLLO PSICOLÓGICO DEL NIÑO DE 8 A 9 AÑOS

Los niveles de madurez, las experiencias y las condiciones familiares marcarán la variabilidad en los niños de esta edad. El niño de 8 años se comporta de forma más independiente, y muestra mayor flexibilidad en sus relaciones, pues lo hace con diferentes personas de su grupo. Se siente más seguro de sí, y ello le hace acercarse a las cosas también con más seguridad, deseando para sí mismo un trato de mayor proximidad al mundo adulto.

Esta seguridad le hará probar verdaderas acrobacias físicas, ante las que mostrar sus habilidades; de ahí, que haya que educarle en la prudencia para evitar peligros innecesarios (facilitar que se sepa proteger a sí mismo).

Es un buen momento, por ello para insistir en la práctica de algún deporte (danza, natación,...), pues le ayudará a descargar su exceso de energía, beneficiando su equilibrio y el control de sí mismo.

La responsabilidad de sus actos se va desarrollando cada vez más, lo cual provocará un menor número de situaciones conflictivas

Muestra gran interés por todos los fenómenos de la naturaleza, curiosidad que hay que aprovechar para hacerle avanzar en sus aprendizajes y en el conocimiento del mundo que le rodea. Se interesará, asimismo, por la información de tipo sexual.

El niño de esta edad es capaz de contemplar una situación desde distintos puntos de vista Se iniciará en el concepto de la "relatividad" de las cosas. Se desarrolla su razonamiento lógico. Ello le llevará a intervenir y discutir más sobre las explicaciones de los adultos. Va a ir desarrollando su espíritu crítico.

Hay una tendencia a expresarse verbalmente con gran facilidad. Colabora y participa más en las tareas de casa. Es un buen momento para asignarle tareas que pueda desarrollar sin problema, y que le hagan sentirse útil. Es muy importante tener presente que para que el niño se desarrolle adecuadamente ha de vivir en un ambiente tranquilo y no inquietante. La participación es algo muy intenso a esta edad.

Será signo de alerta y motivo de consulta el observar un niño que no participa en las actividades, que se aísla por miedo,... pues algo está ocurriendo. Algunos aspectos.

Psicoevolutivos del niño a los 9-10 años:

En el aspecto de su desarrollo intelectual esta edad queda incluida en la etapa del sub-período de las operaciones concretas, según la división de Piaget, pero en un estadio ya muy avanzado de este periodo. Su juicio sobre las cosas ya no depende de su conveniencia; los conocimientos que adquiere son el trampolín para adquirir otros nuevos conocimientos, dándose cuenta de la utilidad de los mismos y puede, con facilidad, hacer uso de las capacidades de observación, reflexión, análisis y síntesis.

Su principal vehículo de conocimiento es la palabra, tanto oral como escrita y tanto en el aspecto comprensivo como expresivo, por lo que no podemos dejar de insistir en la importancia que el lenguaje tiene en el niño puesto que todos los psicolingüistas y los psicólogos en general, siempre ponen el énfasis en la incidencia que la inteligencia tiene en el desarrollo correcto de la lengua y en cómo el uso de un lenguaje correcto facilita la maduración intelectual.

A partir de los 7 años, con el inicio del pensamiento lógico que implica la capacidad de reversibilidad y cuyo desarrollo se va realizando hasta los 11-12 años, donde empezará otra forma de pensamiento, la implicación de esta evolución intelectual no se reflejará sólo en su manera de pensar o razonar, sino que repercutirá en toda la vida social del niño, en sus relaciones personales.

La capacidad de reversibilidad relacionándola con la socialización permite que el niño pueda ponerse en el punto de vista del otro y captar sus intenciones.

Ya a los 7 años, los niños se buscan para jugar juntos, pero será en estas edades, entre los 9-10 años, cuando el juego, el grupo, la cooperación, adquieren su pleno significado.

Un niño de 9 años tiene por fuerza que pertenecer, aunque sea esporádicamente, a un grupo o al menos, tener un amigo. De no ser así, puede indicar problemas de carácter y personalidad. La amistad entre iguales, el grupo, el juego con sus reglas, serán lo que irá desarrollando poco a poco la moral del individuo.

Si un niño sólo se relaciona con adultos, se convertirá en un ser heterónomo, dependiente, incapaz de actuar y juzgar por sí mismo. Es entre sus iguales y a través del juego mayormente, donde el niño adquiere su autonomía, su independencia y el sentido de su futura libertad individual y seguridad de criterios.

En una cuidadosa observación de grupos de niños jugando, podemos advertir cómo casi siempre se encuentra un cabecilla, un líder, sobre todo entre el sexo masculino; en los grupitos de niñas, la líder ya no es tan frecuente. Entre los 7-9 años, ese líder suele ser elegido por su habilidad física, basado en la ley de la fuerza y el grupo tiene la apariencia de una pequeña sociedad dictatorial. Estos matices cambiarán a partir de los 10 años, aproximadamente.

El paso de la eteromanía, a la conquista de la autonomía, podemos verlo en cómo los niños aceptan las reglas del juego. En la etapa anterior a los 7 años, las reglas venían de fuera, eran sagradas e intocables (aunque puestos ya en el juego se olvidaban de que había reglas y no las tenían en cuenta), pero en esta edad las reglas ya no están condicionadas por una coacción exterior y se pueden modificar si todos los componentes del grupo consienten en ello.

Las trampas, las mentiras, las acusaciones, son severamente condenadas por sentirlas como una deslealtad al grupo. Son inflexibles, sobre todo, ante las trampas en el juego, adoptando una actitud de estricta vigilancia para que nadie se atreva a cometerlas. En el fondo, sucede que cada uno de ellos tiene ganas de hacer lo que sea lícito o ilícito para ganar, pero en el grupo está su fuerza y es la conciencia del grupo la que ayuda a la conciencia individual.

Como denominación más propia de esta edad, podemos usar la de "etapa de introyección". El niño de 9 años intenta captar todo lo que el mundo exterior le ofrece para adaptarlo a su mismidad, por lo que su comunicabilidad y sociabilidad es amplísima. Se da cuenta de que el valor y sentido de las cosas no son sólo lo que a él le parecen sino que sirven también para otros...
Aunque tradicionalmente se considere esta edad de los 9 años, y en general toda la etapa que va desde los 7 años a los 11 años, aproximadamente, como la edad feliz o como dice el psicoanálisis "edad de latencia", no se puede tomar en su sentido estricto.

Los cambios que se están realizando en su sistema neurohumoral se traslucen en una emotividad muy lábil; hay en su interior sentimientos, tensiones, pulsiones, a veces en grados tan fuertes que llegan a culpabilizarse en gran medida.

Esto se pone de manifiesto en sus miedos, sobre todo en los sueños, una de las cosas que más temor puede provocarle. Suelen ser sueños terroríficos, amenazantes, ya que según la teoría psicoanalítica, todo sueño tiene un componente latente debajo de su contenido manifiesto y es en los sueños donde aflora lo que durante el día le pudo haber perturbado y que no había sentido gracias a la gran actividad que despliega cuando está despierto.

Aunque se pueda pensar lo contrario, el niño de esta edad tiene fluctuaciones anímicas fuertes y su vida emocional es compleja y con bruscos cambios. Toda esta temática provocará en él depresiones pasajeras, que en el caso de ser frecuentes, habrá que buscar ayuda profesional, ya que será un síntoma de perturbaciones anómalas.

Dentro de su familia se siente como un miembro importante, queriendo que se le tome en serio, aunque necesita mucho de la atención de sus padres e incluso de los "mimos" a un nivel físico.

Es el momento óptimo de la identificación con el padre de su propio sexo y tiene una gran necesidad de diálogo con ambos. Si los padres actúan con habilidad, el niño contará sin problemas sus vivencias, experiencias, deseos... y también estará ansioso y atento por oír lo que sus padres quieren contarle.

La escuela sigue siendo un mundo agradable y está totalmente absorbido por ello, dándole a este ámbito más importancia que a cualquier otro entorno. Goza con los conocimientos que adquiere, se interesa por averiguarlo todo y sin sentirlas, responsabilidades que luego le traerán los cursos superiores. Pero dada su enorme emotividad y labilidad, los pequeños problemas de la escuela, las rencillas entre compañeros e incluso la actitud de su propio maestro, pueden transformarse en cortas pero profundas crisis. La actitud ante cualquier hecho de éstos puede sufrir en un mínimo de tiempo enormes altibajos, que él siempre tratará de justificar con racionalizaciones y que lograrán preocupar y desconcertar a los padres.

El maestro sigue siendo una figura muy importante para él, pero su rol como tal pasa por un momento muy delicado. Esta es una etapa muy competitiva, el maestro lo sabe e intenta, consciente o inconscientemente, promoverlo en beneficio de unos mejores rendimientos, pero cada niño puede recibir este fomento de la competitividad de formas contrarias: para unos, puede ser fuente de acicate y superación, pero para otros, puede resultar contraproducente y ser fuente de frustración, al creer que lo que se le pide no podrá alcanzarlo y como íntimamente pretende ser el mejor, tomar una postura pasiva y de derrota, ya que no llegará a ser de los primeros de la clase.

DESARROLLO PSICOLÓGICODEL NIÑO DE 9 A 10 AÑOS

A esta edad, las niñas son mucho más maduras que los niños. Dedican casi el mismo tiempo a hablar que a jugar. Se fijan mucho en la ropa que visten, aparece la amiga íntima.

Los niños son diferentes: corren sin parar, hacen rabiar a los grupos de niñas y en el juego prefieren los grupos pequeños a las parejas. Se compara constantemente con los demás para autoanalizarse y valorar su aceptación social. Se va configurando su personalidad. Ya se van viendo con claridad sus cualidades y actitudes.

La autoridad de los padres deja su protagonismo para dejar espacio a la propia autoridad interna del niño que cada vez le irá guiando más en sus acciones. Necesita decidir por sí mismo cómo actuar. No le gusta que el padre reaccione con autoridad excesiva, aplicando la ley del más fuerte. Muestra entusiasmo por las cosas y una gran cantidad de energía física, lo cual hace aconsejar la práctica de algún deporte que facilitará la descarga y el autodominio. A esta edad el niño suele comer bien.

El rechazo o la voracidad hacia la comida adoptarán nuevamente un significado afectivo; será una forma de oposición a los padres. A veces, el conflicto viene de muy lejos, de los primeros años de infancia.

Tras un período de juego y de actividad "desenfrenada" es conveniente dejar unos momentos intermedios de calma antes de exigir al niño concentración para realizar alguna tarea escolar; pues la excitación de los momentos anteriores podría impedírselo. Debe haber un tiempo de recuperación de autocontrol.

Su memoria visual está más desarrollada que la auditiva; retener información oral le costará más que la información que ve escrita. Se intentará que mantenga interés por todas las materias escolares, apoyándole ante las que muestre mayor dificultad. Esto le ayudará a disminuir o el fracaso escolar y a mantener el interés por aprender cosas nuevas.

Si se observa un cambio negativo, de fracaso escolar, en un niño que siempre ha salido exitoso, hay que intervenir de forma inmediata a través de un psicólogo infantil que analice e intervenga sobre lo que está ocurriendo, ya que esta situación podría condicionar el resto de su vida escolar. En cuanto al desarrollo de su inteligencia, destacaríamos avances, como: saber contar sin utilizar los dedos.

1. Solucionar problemas matemáticos, en los que se combinen diferentes operaciones.

2. Comprender la relación causa-efecto.

3. Es capaz de razonar, analizar y extraer conclusiones, pero sobre hechos o cosas concretas, aún no puede hacerlo en abstracto.

Es importante no basar la educación del niño en el aislamiento social, sino favorecer la relación con otros niños.

DESARROLLO SOCIAL DEL NIÑO DE 9 A 10 AÑOS

Durante esta etapa se presenta la maduración en el área de los conocimientos, ya que se encuentra preparado tanto en el nivel físico como emocional, para el aprendizaje escolar.

La etapa escolar supone un momento de equilibrio en el desarrollo del niño. Durante estos años consigue una cierta armonía, una proporcionalidad en el aspecto físico que se mantiene, a pesar de las modificaciones del crecimiento, desde los 7 hasta los 11 o 12 años de edad.

A nivel psicológico sucede algo parecido, por lo que esta etapa de crecimiento se ha llamado "período de madurez infantil". El niño continúa desarrollándose y perfeccionando sus movimientos, ahora es más fuerte y puede trabajar con mayor habilidad. Le gusta realizar juegos y actividades que exijan cada vez más movimientos fuertes y precisos. El niño ahora se mueve con más habilidad que el adulto y ejercita su actividad sin descanso.

Entre los juegos que más practica encontramos el balón, la bicicleta y el saltar a la cuerda. En esta etapa del desarrollo infantil, los niños pueden ser víctimas de accidentes provocados por un exceso de confianza en sus propias fuerzas. Los más frecuentes son torceduras de pies, caídas de árbol, atropellamiento.

Posee ahora una paciencia y habilidad suficiente, para armar y desarmar cosas complicadas, realizar trabajos con plastilina, pintura etc, y diversos trabajos manuales. El niño de esta edad utiliza mejor su lenguaje, gracias a la lectura y a la escritura, le gusta aprender complicados trabalenguas que repite a gran velocidad.

Inventa lenguajes secretos de adición y supresión de sílabas y los coordina con las acciones de los juegos que desarrolla.

Desarrollo intelectual a partir de los 6 ó 7 años se produce un cambio importante en la inteligencia del niño, disminuye paulatinamente el egocentrismo infantil, sustituido poco a poco, por un sentido crítico en constante aumento. Desaparece el animismo las cosas ya no le parece que están vivas y el niño distingue perfectamente entre los cuentos, las leyendas y la realidad.
El pensamiento busca explicaciones lógicas a los hechos que observa, tratando de explicarse como el todo está compuesto por las partes, de aquí se desprende su gusto por los rompecabezas y juegos de construcciones. Puede memorizar toda clase de datos, se interesa por cualquier tema que no sea corriente; los países lejanos, animales extraños, los tiempos prehistóricos etc. No hay otro período en la vida humana en que la memoria mecánica llegue a ser tan grande.

El niño sabe de memoria enormes listas de jugadores de fútbol, canciones, anuncios, nombres de compañeros y fechas señaladas. Es el momento idóneo para aprender tablas de multiplicar, nombres de ríos o ciudades, definiciones, poesías, etc. El niño es capaz de mantrener su atención mucho tiempo sobre algo que le interesa; pero normalmente el interés por lo nuevo disminuye pronto y la atención desaparece.

Aumenta la complejidad del lenguaje, la lectura, la escritura y los medios de comunicación influyen en esta área. Aprende la estructura gramatical de la frase, posteriormente logra una mayor precisión, combinando el orden de los elementos de la frase.

Usa adecuadamente los verbos, conjunciones y pronombres. Por fin sabe distinguir los diferentes niveles del lenguaje (cultural, familiar y vulgar). A los 10 años puede contar un relato coherente y estructurado, pero muestra cierto distanciamiento de la vivencia relatada.

> << **Jofre Dumazedier**, Socióloga cultural, analiza la triple función del ocio relajación, diversión y su relación al desarrollo de la personalidad; en una sociedad democrática, sino se realizan, privan en el niño un sentimiento de frustración, lo cual conduce a la fatiga y al aburrimiento. >>

El juego: A partir de los 6 años los niños se interesan por los juegos de coleccionismo, de paciencia, o de inventiva. Es la época del mecano o construcciones, de la colección de cartitas y los juegos colectivos suelen ser competitivos.

Hasta los 8 o 9 años se dan los juegos de azar y de riesgo. Ello prueba que a partir de esta edad, el niño busca vivir momentos de gran tensión. El juego no es sólo un modo de relajar las tensiones infantiles, sino que puede suponer un modo de presentarlas.

¿Qué hacer en la casa?: Se debe fomentar la autonomía del niño, permitiéndole la elección de la ropa que usará, puede autorizársele participar en campamentos o excursiones etc. Puede empezar a colaborar en trabajos de la casa, ya que las responsabilidades que se le van dando contribuyen a su maduración y autoafirmación.

Las tareas que se le asignen deben corresponder a sus posibilidades, pues de lo contrario experimentará frustraciones, que pueden disminuir su iniciativa. Es importante no establecer discriminaciones, en cuanto al sexo, en las tareas domésticas para favorecer la adaptación posterior. Puede asearse y cuidar su arreglo personal dependiendo de las exigencias familiares.

Los padres deben procurar no perder el contacto con sus hijos, ya que viven en dos mundos separados: familia y escuela. Si los padres están muy centrados en sus problemas y no se esfuerzan en entender a su hijo, pueden perder gran parte de su confianza y la posibilidad de ser un apoyo real en momentos difíciles.

Todo lo referido a la sexualidad suele estar bastante negado en la familia. El niño evita hablar de estos temas delante de los mayores, ya que teme que lo regañen, pero puede ser importante que obtenga esta información de los padres y no de extraños, de los que no se conoce cuáles son sus ideas e intenciones.

En la calle: Según los adultos, un niño corre ciertos peligros en la calle. Esto es más o menos cierto dependiendo del lugar que se trate, pero tarde o temprano el niño deberá aprender a estar en ella. A esta edad ya se muestra muy interesado en la calle y no suele estar solo en ella, sino que lo hace en compañía de otros niños. Se trata por lo tanto de un paso más en su autonomía. Debe establecerse un sistema de control lo bastante flexible para conseguir el equilibrio entre autonomía y peligro.

El interés en las actividades del niño en la calle y por sus compañeros representa una forma de control. Debe recordarse que a principios de esta edad los grupos son muy flexibles y que el niño se integra bien a casi todos ellos. Los padres pueden, entonces, ayudar al niño a escoger buenos o malos amigos, cosa que el adolescente no permitirá.

Condiciones para ir a la escuela: El niño debe ingresar a la primaria cuando ya alcanzó cierta madurez y un grado de socialización suficiente que le permita integrarse en el grupo. Debe tolerar la presencia de los otros niños sin agresividades ni frustraciones.

El proceso de separación de la familia, en especial de la madre, debe estar lo suficientemente avanzado para permitir la ausencia del hogar por varias horas; además, debe elaborar una cierta capacidad de identificación con otras personas adultas, es decir aceptar la presencia y poder de decisión de otros.

La personalidad del escolar debe tener la estabilidad suficiente para soportar la crítica, que dentro del aula va a ser muy fuerte, ya que, por un lado, se enfrentará a la crítica de los adultos -el maestro y los padres-, y por otro a la de sus compañeros.

La propia curiosidad intelectual y la presencia de otros niños es un aliciente para asistir a la escuela. En sus bolsillos puede encontrarse cosas más diversas y muchas veces el niño compra, vende o intercambia los objetos que colecciona.

En la escuela: Aprende a independizarse en su trabajo. Primero trabajará con ayuda del profesor, después con la de los compañeros y luego individualmente; fuera de clases aprende a organizar su tiempo y repartirlo entre sus deberes, la atención a los demás y en el juego. Hacia el final de la primaria, el niño de 10 años, tendrá que ponerse a hacer sus deberes sin que los mayores se lo recuerden.

También es el momento de enseñar al niño a administrar el dinero; de ser posible, es conveniente que se le asigne una cantidad determinada para su gasto, para que se enfrente a las consecuencias de una buena o mala administración del mismo.

El juego en grupo: El juego de grupo facilita el proceso de socialización, en él aparecen las primeras reglas no impuestas por los adultos, representando la afirmación individual y necesidad de no romper con el grupo. Todos los juegos suelen estar acompañados por la competencia; por ejemplo: a ver quién salta más, quién corre más rápido, quién anota más goles, quién dice el trabalenguas más complicado. Ahora el niño puede distinguir claramente entre juego y pelea.

La socialización: La socialización del niño se realiza en la escuela en una forma espontánea; ya que uno de los fines de la escuela, es prepararlo para la vida y para la sociedad en la que le toca vivir. Este ingreso a la escuela está asociado con aprender a desligarse de los mayores, para llegar a ser una persona independiente. Este proceso se observa desde el nacimiento, pero es muy importante en esta etapa.

Logros de esta etapa: Poco a poco, el niño adquiere la noción del espacio y tiempo como algo objetivo y distinto de sí mismo. Pronto sabe distinguir el día en que vive, el tiempo que falta para su cumpleaños, las estaciones del año. El calendario y el reloj son vistos como objetivos de medida, puede imaginarse un objeto desde muchas perspectivas y puede organizar el espacio que utiliza al dibujar o escribir, toma conciencia de las medidas, de las distancias y de los medios para recorrerlas.

Pero tiene problemas para manejar conceptos relativos como la velocidad, que dependen del espacio y el tiempo, la densidad que depende del volumen y el peso, la proporcionalidad etc, y en general tiene dificultad para manejar los datos abstractos.

Aprende a ser independiente, ya que comienza a realizar trabajos tanto en casa como fuera de ella de manera autónoma, es capaz de tomar decisiones, la mayoría de ocasiones sin juzgar a profundidad las ventajas y desventajas, sino dejándose llevar por las apariencias.

Realiza trabajos sencillos y forma un criterio personal para ellos, las nociones morales han sentado sus bases y darán pie para la siguiente etapa del desarrollo del ser humano, la adolescencia.

Conductas Habituales

Masturbación: cambia la naturaleza (sentido de placer más que de relajo) y la frecuencia preocupación por la apariencia física, a veces por el sexo opuesto.

Formas de Abordar

Clasificar y anticiparles los cambios asociados a la pubertad.

Es importante enfatizar en el carácter amoroso de las relaciones con el sexo opuesto y en el sentido afectivo de las aproximaciones físicas, dejar abierta la posibilidad de que los niños planeen sus dudas

"Da el ejemplo. Para nuestros hijos es más Importante lo que hacemos que lo que Decimos. Tú eres el líder natural de tus Hijos **Maytte sepúlveda**"

CAPÍTULO QUINTO

LA ADOLECENCIA DE LOS 12 A LOS 15 AÑOS

CARACTERISTICAS PSICOLOGICAS DEL ADOLESCENTE

La Adolescencia constituye una de las etapas de mayor cuidado y orientación por parte de los padres o de los que cumplan esta función en la familia. Sí queremos hijos exitosos y No fracasados .para ello aplica los consejos y recomendaciones que te mostramos a través del recorrido de los capítulos anteriores y los que te ofrecemos a continuación.

El inicio de la adolescencia ocurre no solo con los cambios físicos que se dan en el cuerpo, relacionados con el crecimiento y con la preparación de los órganos para la reproducción. Sino también con los biológicos, psicológicos y sociales. En algunos niños se adelantan estas diferencias pero el común denominador es que ocurran entre los 12 años y los 15.

<< El desarrollo psicosocial del adolescente se dirige, sobre todo, hacia una mejor compresión de sí mismo y la búsqueda de una entidad, es decir a encontrar respuestas a una pregunta que cobra especial relevancia durante esta etapa: ¿Quién soy yo? >> **Stassen y Thompson. Psicología del desarrollo infantil y adolescencia, Ed. Medica Panamericana. Madrid 1997.**

Éstos permiten que el adolescente madure y se convierta en adulto. La pubertad es un paso totalmente necesario para que el individuo adquiera su función reproductora en plenas facultades. Aunque se suele darse de diferente forma, tanto en edad como en ritmo, en función de cada niño. En muchos casos está mediado por la genética, la alimentación, raza, lugar geográfico o los estímulos psíquicos y sociales.

Es habitual que la pubertad comience entre los 11 a 15 años, según el caso. En las niñas la edad de inicio es más temprana y en los niños, a los 12.

La crisis de la identidad, según Erickson (1998) Psicólogo de Orientación Psicoanalítica que ha analizado en profundidad el desarrollo de la identidad, durante la adolescencia es cuando se intenta lograr una identidad coherente, para lograr el verdadero yo.

Durante esta etapa de la adolescencia, los amigos y compañeros adquieren especial significado, ya que cumplen una importante función de apoyo psicológico.

Como padres y especialmente la madre o los sustitutos deben estar informado y contar con las herramientas necesarias para orientar a sus menores hijos procurando darle apoyo espiritual y explicándoles con amor y un lenguaje sencillo los cambios físicos fundamentales y normales de la adolescencia por los cuales pasarán, evitando la burla o expresiones asonantes que afecten su Autoestima, aunque si se aprecian cambios diferentes o que puedan afectar la salud, es recomendable acudir al médico para que valore los posibles síntomas y sus correspondientes recomendaciones.

- Aceleración y desaceleración al final de esta etapa del crecimiento óseo y de los órganos internos.
- Cambios en la composición corporal.
- Maduración sexual del aparato reproductor y de los caracteres sexuales secundarios.
- Aumento de talla

Si tienes un hijo entre 14 y 15 años o una hija entre 12 y 13 años, notarás rápidamente cómo aumentan progresivamente de talla. Éste es uno de los cambios más habituales durante la pubertad, que suele durar entre 24 y 36 meses y donde las niñas crecen de 20 a 23 cm y los niños, de 24 a 27 cm.

Este crecimiento excesivo no se produce de una forma proporcionada, sino que primero crecen las extremidades inferiores y después el tronco, los brazos y la cabeza.

Esta descompensación inicial puede producir una sensación de desproporción e inseguridad en el adolescente, llegando incluso a provocarle movimientos torpes. Y de no aceptación de su imagen corporal

Cuando se cierran las epífisis de los huesos por la acción hormonal, se marca el final del crecimiento dando lugar a la talla definitiva. Esto suele ocurrir en las chicas a los 16 – 17 años y en los chicos a los 21.

- El cuerpo cambia
- A nivel corporal los cambios fundamentales son:
- Aumento del peso por aumento de la masa muscular y de la densidad de los huesos.
- Redistribución de la grasa corporal.
- Crecimiento de los órganos internos: cerebro, hígado, riñón o corazón

Cambios psicológicos e intelectuales:
Aparece una mayor curiosidad por conocer el mundo que lo rodea .por lo que debes suministrarles diversas literaturas libros, revistas, películas, paseos y excursiones viajes etc. Que amplíen su mundo cultural y la visión de su entorno cercano y lejano, intercambio de información con sus pares, salidas grupales.

Los Adolescentes acceden a una nueva forma de pensamiento, puede formular hipótesis, razonar acerca de ellas y extraer sus propias conclusiones. Debemos respetar sus puntos de vista aclarando y ampliando lo necesario sin imponer nuestras propias ideas u obligándolos por diferentes formas a aceptar nuestro punto sin discutirlos con ellos pueden diferenciar lo real de lo posible, comienza a poner en tela de juicio todo aquello que hasta ahora era inamovible. Tiene opiniones propias y críticas sobre el amor, los estudios, los amigos, la familia, etc.

Aquí debemos estar muy atentos a lo que dice, escucharlos con atención, reconocerle y gratificarle lo positivo, así como orientarlos con fundamentos y con comprensión los juicios y conceptos equivocados.

Piensa sobre sus propios pensamientos, puede orientar su afecto hacia determinadas ideas y valores y comprometerse en algún modo con ellos. Como padres sin reproches o amenazas, nos van a permitir lograr la confianza y aceptación. Sobre sus diferentes puntos de vista, y poder aclarar los equivocados

El debate sincero con amor y comprensión y poniéndonos en el punto de vista del otro nos dará los mejores resultados

Cambios sociales:

Ellos descubren "lo social", a la persona le importa pertenecer a un grupo y compartir ideas o gustos, recuerda no puedes ni debes aislar a tus hijos de sus pares lo recomendable es supervisar e indagar quienes son, como son, sus intereses, responsabilidad etc. llevarlos a tu entorno, hacerte amigos de ellos.

Aparecen cambios en la capacidad de integración social, en el grupo de iguales se conforman una serie de normas y nuevos valores.

Se sigue formando y consolidando la identidad sexual y afectiva; de un grupo más numeroso como la pandilla se pasa más tarde a la formación de parejas. En los últimos años de la adolescencia se puede producir la integración laboral

El deseo sexual aparece, de una forma clara, después de la pubertad. La persona se encuentra con la atracción física hacia otra persona, con el deseo de disfrutar de su compañía, con sentimientos, deseos y conductas sexuales que son una novedad. Siente placer sexual consigo mismo y con otras personas. Durante este tiempo se van definiendo la orientación sexual, los gustos y preferencias personales.

La respuesta sexual a nivel físico es igual para los dos sexos, y sigue una secuencia en etapas: excitación, meseta, orgasmo y resolución. El enamoramiento puede producirse y es expresado por muchos jóvenes como el gran deseo de estar junto a la persona que quieren.

La Orientación de los padres debe ser sincera, en esta fase, aclarando las dudas y recomendaciones necesarias para evitar embarazos precoz, conducta sexual apropiada, respeto, aspectos legales, sobre todo a las niñas hay que explicarle su proceso de maduración hormonal, el ciclo menstrual, las medidas higiénicas necesarias para cuidar su salud, las enfermedades de trasmisión sexual y cómo prevenirlas. Esta etapa de la Adolescencia está caracterizada la vida sexual por la fase genital. Es la cuarta fase del desarrollo, que se caracteriza por la organización de la libido alrededor de las zonas genitales. Se compone de dos tiempos, separados por el período de latencia: uno la fase fálica (u organización genital infantil) y el segundo, la organización genital propiamente dicha, que inicia en la pubertad.

Con la organización genital, las modalidades de satisfacción libidinales de las fases anteriores se unifican y jerarquizan definitivamente, en los órganos genitales y el placer inherente a las zonas erógenas pre genitales se vuelven preliminares al orgasmo.

Esta integración de las tres fases pre genitales llega a tal punto que después de la pubertad permite la reconciliación de:

- El orgasmo genital y las necesidades sexuales extra genitales.
- El amor y la sexualidad.
- De los patrones sexuales, los procreadores y los productivos (sublimación).
- La respuesta sexual a nivel físico es igual para los dos sexos, y sigue una secuencia en etapas: excitación, meseta, orgasmo y resolución. El enamoramiento puede producirse y es expresado por muchos jóvenes como un gran el deseo de estar junto a la persona que quieren.
- La Orientación de los padres debe ser sincera, en esta fase, aclarando las dudas y recomendaciones necesarias para evitar embarazos precoz, conducta sexual apropiada, respeto, aspectos legales .sobre todo a las niñas hay que explicarle su proceso de maduración hormonal, el ciclo menstrual ,las medidas higiénicas necesarias para cuidar su salud , las enfermedades de trasmisión sexual y cómo prevenirlas.

- Esta etapa de la Adolescencia está caracterizada la vida sexual por la fase genital. Es la cuarta fase del desarrollo, que se caracteriza por la organización de la libido alrededor de las zonas genitales. Se compone de dos tiempos, separados por el período de latencia: uno la fase fálica (u organización genital infantil) y el segundo, la organización genital propiamente dicha, que inicia en la pubertad.
- Con la organización genital, las modalidades de satisfacción libidinales de las fases anteriores se unifican y jerarquizan definitivamente, en los órganos genitales y el placer inherente a las zonas erógenas pre genitales se vuelven preliminares al orgasmo. Esta integración de las tres fases pre genitales llega a tal punto que después de la pubertad permite la reconciliación de:

- El orgasmo genital y las necesidades sexuales extra

genitales.

- El amor y la sexualidad.
- De los patrones sexuales, los procreadores y los productivos (sublimación).

Nos vamos a centrar en el segundo tiempo de la fase genital, principalmente en lo que se refiere a la sexualidad del adolescente. En esta fase se elabora la identidad sexual del individuo.

La identidad sexual se refiere a la diferenciación y ubicación sexual que cada uno de nosotros hace según seamos hombre o mujer.

Durante la adolescencia se configuran los sentimientos que él y la joven tienen en relación con el sexo al que pertenecen. Se van a ensayar una serie de conductas tanto hacia el mismo sexo como hacia el sexo opuesto.

La identidad sexual es producto de un largo proceso de elaboración que se produce desde la niñez. En este período influyen cuáles han sido las relaciones con los padres del mismo sexo, cuál ha sido la interacción de la pareja parental, cuáles normas culturales le toca vivir, que se aprobé o desaprobé en los comportamientos del niño.
(Miranda, Delia, 1991, p.66).

En la adolescencia temprana los contactos son predominantes con jóvenes del mismo sexo como una forma de reafirmar su identidad. Forman grupos del mismo sexo que les permite compartir vivencias, ensayar y comentar conductas en relación con el sexo opuesto y calmar sus temores e inseguridades en relación con estos contactos. Algunas conductas presentadas por los adolescentes en esta etapa pueden aparecer de corte homosexual, pero en realidad no lo son.

<<El hombre está dominado naturalmente por una serie definida de apetencias que necesitan disciplina. **Durkhein Durkhei; y Emely 1858-1971_ padre de la sociología francesa. Cátedra de pedagogía la Sorbona París** >>

Las relaciones amorosas se inician con interés en el sexo opuesto, que será seguido por un interés inconsciente o consciente de serle atractivo(a) a éste. Posteriormente el adolescente se enamora, primero de personas mayores a ellos y no disponibles... Estos amores no accesibles le brindan al joven la seguridad de que podrá explorar en la fantasía todo lo que desee y sin que deba enfrentarse a la persona amada en la realidad... Si los adultos se encargan de hacer que estos objetos amados se tornen accesibles, pueden ocurrir una serie de importantes problemas psicológicos.
(**Miranda, Delia, 1991, p. 66 67**).

Al llegar a la adolescencia media, él y la joven comienzan a sentirse más confortables con personas del sexo opuesto y de su edad. Aquí las relaciones amorosas son, por lo general, de corta duración y es el inicio de la exploración sexual. Con el tiempo él y la adolescente se liga a una persona específica en relaciones más duraderas, donde aparece una mayor preocupación por los sentimientos y deseos del otro, así como por una relación sexual genital.

Como parte de la sexualidad adolescente la masturbación es una actividad normal, que es practicada sobre todo por los varones. Esta preponderancia en los varones se debe a que, tanto hombre como mujeres, aprenden una respuesta diferente hacia sus impulsos sexuales impuesta por la cultura, donde la mujer debe guardar sus genitales puros e intactos, mientras que el hombre debe ser experimentado en lo sexual.

A esta diferencia también contribuye la distinta conformación de los genitales masculinos y femeninos. El hombre está familiarizado con su pene y se siente orgulloso de él, experimenta orgasmos completos con eyaculación.

La mujer no conoce bien sus genitales y son las características secundarias sexuales las que les muestra que ha iniciado un nuevo período, el orgasmo está usualmente ausente por mucho tiempo pero la joven siente un erotismo difuso en todo el cuerpo.
La masturbación permite que él y la adolescente conozcan la anatomía y funcionamiento de sus genitales, que liberen las tensiones sexuales acumuladas y que se preparen para las relaciones genitales en pareja.

La masturbación puede convertirse en un problema sí hace que él o la adolescente se aísle, que no establezca relaciones íntimas con otro(a), cuando su práctica no se haga a nivel privado, cuando sea una práctica excesiva o se abstenga totalmente de ella.

Para concluir el psicoanálisis ha comprobado que las personas, aún las sanas mentalmente, están trabadas en sus ciclos sexuales. En su intimidad, en sus relaciones de pareja y en el coito se evidencias las huellas que ha dejado su paso por las fases pres genitales. Sin embargo estas huellas no siempre son conscientes y se dan en mayor o menor grado en cada persona. Muchas personas... Prefieren incorporar o retener, eliminar o intrusas, antes que disfrutar de la mutualidad de los patrones genitales.

Muchos otros prefieren ser independientes o tener a alguien que dependan de ellos, destruir o ser destruidos, antes que amar con madurez... No cabe duda de que un juego sexual pleno es el mejor recurso para resolver los residuos pre genital...
(**Erikson, Eric, 1993, p. 81**)

Es de suma importancia el estudiar detenidamente los ciclos sexuales y sus características y además se hace necesario abordar dos aspectos fundamentales que nos llevarán como padres a identificar, abordar aceptar y orientar a nuestros hijos sobre dos temas fundamentales como son, el abuso sexual, y la homosexualidad.

Estos son aspectos que aún en este siglo siguen siendo considerados tabúes por muchas personas, dejándolos a un lado, ignorándolos o no utilizando las herramientas necesarias para enfocarlos con herramientas y actitudes que permitan actuar acertadamente frente ambas situaciones que son más comunes de lo que nos imaginamos,

Otros aspectos a considerar lo constituyen la relaciones sexuales precoces que actualmente son muy comunes en el ámbito escolar y social, jóvenes de 12 y 13 años de edad de ambos sexos empiezan a experimentar contactos con una o más parejas dando origen a embarazos precoz, enfermedades venéreas, Sida HIV o Virus de papiloma humano VPH e incluso perdida de la vida.

La tv, publicidad inadecuada, libertinajes y sobre todo la falta de orientación a tiempo está dejando muchas secuelas en este sentido, siéntate con tus hijos, explora, investiga .e indaga, con confianza y amor da la orientación necesaria, e incluso el uso de preservativos, medidas anticonceptivas, y otros que consideres necesario.

AUTOESTIMA E IMAGEN PERSONAL DEL ADOLESCENTE

Expresado de forma sencilla, la **autoestima** es la forma en que nos percibimos y nos sentimos. Nos influye el medio, cómo nos ven otras personas significativas para nosotros y *cómo creemos* que nos ven.

Esta forma de percibirnos se basa en las experiencias que tenemos con otras personas y en las atribuciones que realizamos de nuestra conducta.

Las atribuciones son las explicaciones con las que justificamos los resultados de nuestras actuaciones (si creemos que la causa está fuera o dentro de nosotros, si es permanente o pasajera, o si consideramos las causas dentro o fuera de nuestro control). Ejemplos:

> *Soy buena en inglés, me gusta estudiar, he aprobado* (puedo creer que la causa es interna, permanente y controlable).

> *Soy feo, no soporto mis orejas* (puedo creer que la causa es externa, permanente, fuera de control).

Cada persona nos percibimos y tenemos opiniones sobre nuestro carácter componente emocional, nuestra inteligencia componente académico, nuestro cuerpo componente físico, y nuestras relaciones con otras personas componente social.

Recuerda que cuando pensamos negativamente sobre cosas que no nos gustan de nosotros, lo que hacemos es sentirnos mal y bloquearnos; y cuando pensamos positivamente sobre lo mismo, nos relajamos y es entonces cuando se nos ocurren cosas para mejorar (en el ejemplo de las orejas: me gusto, me encantan mis orejas y así puedo elegir: cambiar mi corte de pelo, trabajar para ganar dinero y operarme, disfrutar de mis orejas, o lo que se me ocurra).

Nuestras ideas, nuestras creencias son las que determinan la autoestima y hacen que interpretemos las cosas de una manera más positiva o negativa.

El auto concepto es la imagen que cada uno tiene de sí mismo; es la organización de nuestras creencias, que aprendemos a través de nuestra *experiencia personal*, con *personas significativas* - padres, hermanos, abuelos, profesores, etc.- y que también aprendemos *de cosas o personas que no planeamos* un libro, una película, una entrevista de alguien.

- La autoestima está vinculada directamente con la creatividad del hombre.

Así, una persona puede verse puntual, con un pelo muy bonito, con las uñas de los pies feas, con interés para estudiar... y otra puede verse muy habladora, con una estatura muy buena, con unos ojos muy pequeños... Vamos, que cada persona tenemos una imagen y una opinión de nosotros sobre un montón de aspectos. Cuando decimos: "Pues yo soy así", "qué le vamos a hacer, es mi manera de ser...", lo que estamos diciendo es lo que creemos que es verdad para nosotros. Generalmente, lo que creemos es una opinión que hemos incorporado a nuestro sistema de creencias, opinión que es coherente con esas ideas. *(El autoconcepto es organizado, dinámico y aprendido)*

La imagen corporal es la forma en que percibimos nuestra apariencia física, de nuestra presencia personal; que también es percibida y valorada por otras personas. Como ya te habrás dado cuenta, tú puedes tener una imagen de ti que, a veces, no coincide para nada con la de otras personas. La vamos formando desde la infancia y durante toda la vida. Esto es muy interesante, ya que no nacemos con esta imagen, si no que la podemos crear y cambiar continuamente.

Como al principio la vamos creando con otras personas significativas para nosotros, llega un momento en el que podemos elegir y ser más responsables con nosotros mismos: Estando con gente que nos agrada, alimentándonos bien, haciendo ejercicio físico con placer, pensando cosas que nos gustan, teniendo ropa que nos favorece, organizando nuestro tiempo, cuidando higiénicamente nuestro cuerpo, haciendo agradable nuestra vida cotidiana.

Que conste que esto lleva su trabajo, porque a veces es más rápido quejarnos que elegir cambiar. Cuidarnos higiénica y estéticamente lleva su tiempo y su placer (desde depilarnos, afeitarnos, llevar el pelo limpio, pintarnos, lavarnos los dientes, cortarnos y arreglarnos las uñas, hasta lavar alguna ropa a mano, ordenar el armario, comer fruta, hacer deporte.) Los sentimientos positivos o negativos sobre nosotros mismos influyen en nuestro comportamiento, en nuestro rendimiento y en la opinión que tenemos sobre nosotros.

Las modificaciones en el lenguaje interno (cómo nos hablamos a nosotros) apoyan los cambios que queremos hacer y que nos benefician más. Así, podemos cambiar frases de quejas y elegir frases para hacer cosas efectivas y positivas. Puedes dejar de juzgarte a ti mismo, tu forma de ser y evaluar únicamente tus actos, tus logros y realizaciones. Puedes aceptarte a ti mismo, simplemente porque tú eliges hacerlo así.

Mejoramos nuestra imagen corporal cuando la elegimos sana, positiva y realista; cuando analizamos y mejoramos nuestro lenguaje interno (aprendemos a reconocer nuestra actividad mental, analizamos nuestras emociones para expresarlas agradablemente). Cada cultura condiciona la percepción del cuerpo, la belleza, el afecto y la identidad sexual. Y como somos parte de esa cultura podemos elegir y asumir percepciones más realistas y agradables para nosotros.

Cada persona tiene sus preferencias y gustos estéticos, y los puede cambiar en distintos momentos de su vida. Los diez problemas más graves entre los adolescentes. Consumo de alcohol. Lo hace, habitualmente, más del 60% de los jóvenes de 14 a 20 años.

Generalmente es en el hogar donde se realizan las primeras iniciaciones, muchos padres en fiestas y eventos estimulan a los jóvenes a ingerir bebidas alcohólicas que después se hacen hábitos con sus secuelas aditivas.

Iniciación en las drogas. Según datos del sobre Drogas, el 31% de los adolescentes ha probado el cannabis o mariguana, el embarazo no deseado, el acoso escolar o 'bullying' por parte de sus compañeros o familiares e inclusive por sus propios padres. Ver Capitulo Octavo.

Trastornos de la imagen y la alimentación. Anorexia, bulimia nerviosa... La aceptación y autovaloración son la clave, así como la explicación de sus consecuencias tanto físicas como psicológicas.

Malos tratos. Una cuarta parte de las denuncias interpuestas por mujeres que sufren malos tratos son de menores de 20 años. Explícales a tus hijos que no debe aceptar ni maltratar a ninguna persona, ayúdales a tener una alta autoestima.

Problemas derivados del mal uso de Internet. La adicción a Internet afecta, sobre todo, a chicos mayores. Según un estudio publicado en "Evidencias de Pediatría", son jóvenes que dedican más de 20 horas semanales a la web y la utilizan para jugar "online".

La adicción conlleva a la perdida de atención y responsabilidades a otras áreas de su vida personal.

Sectas y socio adicciones. Razón por la cual los padres deben explicar a sus hijos los objetivos que persiguen estas agrupaciones y las consecuencias que acarrean a las personas, tanto en lo personal como en lo social.

Depresión y trastornos emocionales. Responsables del 10,75% de las muertes de adolescentes, según el Instituto de la Juventud (INJUVE.). Tienes que estar alerta frente a la aparición de cualquier síntoma de tus hijos adolescente, porque la depresión puede ser producto de consumo de drogas, no aceptación de los cambios físicos, sentirse incomprendido en su círculo familiar y de amigos.

Comunicación Efectiva

- Autocritico.
- Consecuente.
- Imparcial.
- Responsable.
- Consciente.

Ello estimula cambios de conducta, de actitud y de sentimientos.

Accidentes de tráfico. Son responsables del 33% de los fallecimientos de jóvenes, según estudios.

¿Cómo enfrentar entre padres e hijos los conflictos de la Adolescencia?

En la relación entre padres e hijos, la clave está en el diálogo. Hablar de un problema es tenerlo ya medio solucionado. Pretender educar sin propiciar el diálogo es como intentar construir una casa sin una segura cimentación. Pero, ¡cuánto cuesta hablar con los hijos adolescentes ¡Cuántas!

Conversaciones acaban en monólogos! ¡Cuántas parecen "diálogos de sordos"! ¡Cuántas finalizan en una nueva pelea! "Mi hijo no me escucha", "no se puede hablar con ella", "siempre acabamos a gritos", "parece que hablemos idiomas diferentes"… suelen ser las quejas justificadas de muchos padres. La verdad es que no resulta fácil hablar con ellos, sin embargo, hay que intentarlo. Quizá se podría empezar teniendo en cuenta que el diálogo con adolescentes tiene unos requisitos propios:

En primer lugar, se trata de crear el ambiente propicio y **buscar** el momento adecuado: no cuando los padres quieren, sino cuando ellos lo necesitan. No es fácil estipular un momento al día para hablar, porque quizá "tenga que contar algo" en el momento menos oportuno. En ese caso hay que dejarlo todo y atenderle, porque, aunque en ese preciso instante haya cosas muy urgentes, seguro que no hay nada más importante. Si se deja pasar la ocasión, porque "ahora no, que estoy ocupada" o "después me lo cuentas, que tengo trabajo", habrá desaparecido para siempre. Por eso, es decisivo que sepan que cuentan siempre con sus padres, que estamos ahí, y que lo estemos realmente.

El requisito de toda comunicación es la confianza. Si la primera vez que un hijo nos hace una confidencia "un poco fuerte", nos echamos las manos a la cabeza, armamos un escándalo o lo castigamos severamente, probablemente sea la última vez que se sincere con nosotros.

La confianza es una virtud recíproca, quien la otorga la recibe a su vez. No es una virtud que se adquiere, sino que se da: la condición de todo diálogo. Si no confiamos en nuestros hijos, si no les damos confianza, aunque nos resulte difícil e, incluso, nos parezca arriesgado, nos quedaremos sin saber lo que les pasa.

El tercer requisito para que funcione el diálogo con hijos adolescentes es aceptar sus formas. No podemos esperar que todo funcione tranquilamente. La serenidad la tenemos que poner los adultos; los hijos tendrán probablemente salidas de tono, levantarán la voz o discutirán apasionadamente. Pretender una **conversación** afable con un hijo o una hija adolescente es no entender sus puntos de vista.

Como actuar frente a estas circunstancias… El Abusador generalmente es una persona muy cercana a la familia o pariente.

CAPÍTULO SEXTO

TEMAS TRANSCENDENTALES PARA LA PREVENCIÓN Y FORMACIÓN DE NUESTROS HIJOS

El abuso sexual infantil podría definirse como toda aquella actividad sexual con o sin violencia entre un adulto y un menor, o entre dos menores, cuando uno ejerce poder sobre el otro ya sea mediante la fuerza, la coacción o la persuasión. Se trata de un delito castigado por la ley y de una situación que puede marcar para siempre la personalidad de la víctima, con todos los problemas que ello conlleva.

Da la impresión de que se trata de un problema aislado que "a mis hijos no les sucederá", incluso hay personas que lo relacionan con un nivel económico precario, sin embargo es más habitual de lo que creemos en las clases medias y altas y quizá debiéramos tenerlo presente para intentar salvaguardar la infancia y la inocencia de nuestros hijos.

Como datos más relevantes comentar que se estima que una de cada cuatro niñas y uno de cada seis niños pueden convertirse en víctima de abuso sexual antes de llegar a la mayoría de edad. Esto significa que una gran cantidad de niños soportan en silencio este tipo de vivencias.

Aproximadamente el 20% de las víctimas de abuso sexual infantil son menores de 8 años y la mayoría nunca informan del abuso.

Siete pasos para evitar el abuso sexual infantil:

- Conozca los hechos: los padres somos los primeros y obligados responsables de nuestros hijos y los que debemos estar en alerta para evitar que pueda darse una situación de abuso. Una tercera parte de las víctimas son abusados por miembros de su familia y esto significa que el riesgo principal proviene de las personas más cercanas. Los abusadores suelen tratar de establecer una relación de confianza con los padres de las víctimas y debemos tener en cuenta que cualquiera puede serlo. Nuestros hijos deben estar protegidos, generalmente el abusador es lamentablemente desde un hermano, tíos, primos, servicios, o cuidadoras, amigos o vecinos cercanos.

- Reduzca los riesgos: el abuso infantil ocurre cuando un adulto está a solas con el niño. Debemos tratar de conocer a la persona con quien se queda e intentar que puedan ser observados por otras personas. Internet es una gran puerta de entrada para los abusadores, debemos supervisar el uso que puedan hacer nuestros hijos de la red.

- Hable sobre el tema: los niños suelen mantener el abuso en secreto. Los abusadores manipulan y confunden a los niños para que crean que la culpa es de ellos o que lo que están haciendo es algo normal o un juego, pueden amenazar al niño o incluso amenazarle con hacer daño a otras personas de su familia. Hablar con los niños sobre el abuso, adaptando nuestro diálogo a su edad puede hacer que se elimine la barrera del silencio.

- Manténgase alerta: debemos valorar con detenimiento las señales físicas como irritación, inflamación o sarpullido en los genitales, infecciones de vías urinarias, etc. y otros problemas como dolor abdominal o de cabeza fruto de la ansiedad.

De manera más habitual surgen problemas emocionales o del comportamiento tales como retraimiento o depresión, exceso de auto exigencia, rabia y rebeldía inexplicables, etc. Un comportamiento y lenguaje abiertamente sexual y atípico para la edad pueden ser también signos de alarma.

Infórmese, sepa reaccionar: responder ante la verdad expresando incredulidad o rabia y enfado puede hacer que el niño intente justificar la acción, que cambie la versión o que evite preguntas y diálogos que vuelvan sobre el tema.

Actúe cuando tenga sospechas: las sospechas dan miedo, pero pueden ser la única oportunidad de un menor de salvarse (o de varios menores). Si no nos atrevemos a denunciar podemos contactar con los servicios sociales, con los servicios de protección al menor, con el centro de salud, etc.

Involúcrese: podemos luchar contra el abuso, por ejemplo, apoyando leyes y organizaciones que luchen contra el abuso sexual a los menores

No hay un comportamiento singular y aislado que indique que tu hijo sufre o haya sufrido abuso, aparte de que te lo diga directamente. Pero esto no es frecuente. Los niños a menudo prefieren mostrarte las cosas que están mal en lugar de decírtelas. Una combinación de gestos y comportamientos pueden estar enviándote el mensaje de que algo no va bien. Empieza a preguntar o pedir una clarificación si tu pequeño muestra varios de estos comportamientos.

Hijos pequeños:

- Tiene pesadillas. Pinta dibujos siniestros.

- Representa o imita actos sexuales al jugar con sus peluches o muñecos.

- Desarrolla un miedo inexplicable a ciertas personas y lugares.

- Se niega a hablar acerca de un secreto que comparte con un adulto u otro niño.

- Nombra o apoda sus partes privadas.

- Muestra una regresión a comportamientos infantiles, como hacerse pis en la cama.

- Muestra una alta dependencia y ansiedad.

- Cambia sus hábitos a la hora de comer o simplemente rehúsa comer.

Aunque no son frecuentes, también puede haber señales físicas como dolor, decoloración, sangrado o descargas/ secreciones no común es de genitales, ano o boca, y sentir dolor al orinar que no se va.

Adolescentes:
- Cortarse o hacerse daño a sí mismo.
- Hablar del suicidio.
- Depresión o ansiedad.
- Escaparse de la casa.
- Promiscuidad, abuso del alcohol y de las drogas.
- Falta de higiene personal.

Habla y escucha a tu hijo, no exijas detalles o lo fuerces a hablar, no trates de minimizar la información ("¡No exageres!", "¿estás seguro?"), muéstrate relajado/a en todo momento aunque por dentro entres en pánico y, bajo ningún concepto, digas o impliques que tu hijo tiene parte de la culpa.

Si crees que tu hijo/a está siendo víctima de abuso sexual, acude inmediatamente a denunciarlo a las autoridades. Se trata de una situación extremadamente seria y necesitarás ayuda experta para afrontarla.

La Identidad Sexual, ¿Cómo enfrentarla? ¿Qué hacer frente a la identificación Sexual no acorde a la naturaleza del niño o Niña?

La identidad de género se configura a través de la vivencia íntima del propio género, incluyendo la vivencia del propio cuerpo y su sexualidad así como de la vivencia social del género en aspectos como la vestimenta, el lenguaje y otras pautas de comportamiento que se identifican con la socialización en uno u otro género.

Así pues, la identidad sexual o de género se construye a lo largo de la vida, configurándose mediante el auto concepto y por la percepción de las personas del entorno sobre la misma, y puede ser ya estable en la primera infancia. Por tanto, es esperable que en esta etapa pueda darse una identidad de género no acorde con el sexo asignado al nacer, lo que se conoce como transexualidad o identidad transgénico.

Esta circunstancia puede vivirse con normalidad, de un modo no traumático o llegar a producir profundo malestar y rechazo del propio cuerpo, que pudiera derivarse en disforia de género.

La realidad de las personas transexuales forma parte de la diversidad del ser humano, aunque no siempre es visibilizada, comprendida, valorada e integrada con normalidad a nivel social, debido a obstáculos de distinta naturaleza que conectan con un sistema de creencias profundamente sexistas y transfóbicas. La educación afectivo-sexual y de género debería integrar esa diversidad, configurándose como un recurso transformador e imprescindible en la transmisión de los valores de igualdad, pluralidad, diversidad y respeto.

> "La Primera escuela de las Virtudes
> Humanas sociales, es la familia".
>
> **David Isaacs**

CAPÍTULO SEPTIMO

LAS VIRTUDES HUMANAS Y SU IMPORTANCIA EN EL DESARROLLO DE DEL NIÑO EXITOSO

Se trata un tema tan trascendental para la vida del Hombre en general y la formación de los Niños y Adolescentes en particular, me refiero a la Formación de las Virtudes Humanas, y el valor permanente de la familia para el desarrollo integral de la personalidad,

Siendo los padres los que han dado la vida a los hijos, están desde los primeros momentos obligados a la educación de los mismos, y por lo tanto ellos son los primeros y obligados educadores, Crecer en valores y con valores en un ambiente familiar animado por el amor, la comprensión la solidaridad, el respeto y la tolerancia.

> << Los valores morales pretenden formar el
> carácter, crear hábitos socialmente aceptables,
> formar el carácter, crear actitudes, una manera
> especial de responder a la realidad y de relacionarse
> con otros seres humanos. **La familia, los padres,
> son el modelo**. >>

La sociedad somos todos y todos somos responsables.
La Educación integral, personal y social de los hijos es una tarea ardua más no difícil si se inicia desde una temprana edad, teniendo en cuenta que cada familia es diferente ,y que cada hijo y cada padre requiere una atención diferente .vamos a señalar un esquema de virtudes por Edades a partir de los 7 años lo cual no significa que hay que esperar a que el niño los cumpla para iniciar una formación de valores en forma Integral, recordándole a padres, familia y maestros que se educa con el ejemplo y que los mismos van incorporando lo que ven, lo que sienten y lo que escuchan en un continuo permanente.

Antes de los 7 años la formación de hábitos de Higiene, seguridad, responsabilidad, tolerancia, cooperación, obediencia sinceridad y orden serán las pautas o premisas que seguirán tanto padres como docentes y demás familiares. Todas las estrategias estarán fundamentadas en el Amor y respeto, la obediencia como valor no se puede formar mediante la agresión, amenaza o castigo e imposición.

La obediencia se produce por una exigencia operativa razonable por parte de los padres dando indicaciones claras y sin confusión del porque debe obedecer las normas y reglas, tanto por su seguridad como por el orden del hogar, ejemplo de ello lo constituye, recoger sus juguetes, colocar la ropa sucia en el cesto, no abrir la puerta a extraños, no cruzar la calle sin ayuda del adulto, no dejar los grifos abiertos, subirse a sillas o barandas, la hora del aseo personal.

Tiempo en la televisión, los niños pueden obedecer por miedo o porque no hay más alternativas, estos motivos son muy pobres, se tratará de animarles, a cumplir por amor, reforzarlo con palabras cariñosas y hasta premiarlo cuando la situación lo amerite, por ejemplo llevarlo al parque, leerle un cuento si no se desarrolla desde pequeño esta virtud será muy cuesta arriba alcanzarla después .la otra virtud muy importante en esta etapa es la sinceridad tanto en el hacer como en el pensar.

Dando una orientación a los niños sobre la importancia de No mentir, bajo ninguna circunstancia, ser sincero en sus manifestaciones de amor y comedido para hacer una crítica, la cual debe ser constructiva, expresando sus sentimientos con absoluta sinceridad y sus puntos de vista.

Desde los 8 hasta los 12 años, nos vamos a encontrar que será muy importante continuar como padres en la formación de Valores tales como la fortaleza, perseverancia, laboriosidad, paciencia, responsabilidad Justicia, generosidad.

Los Niños a esta edad pasan por una serie de cambios biológicos con el inicio de la pubertad y es muy conveniente desarrollar en ellos de manera especial la voluntad, para hacer más fuerte su propio carácter, tomar decisiones, determinar los criterios que más convengan a sus intereses, solucionar problemas, se trata de conseguir que los hijos sean más perseverante en la consecución de sus metas, superar los obstáculos, plantearse retos y metas.

INTERACCIÓN DE ALGUNOS VALORES CON EL RESPETO

<< Todo ser humano debe educarse como un valor,
a partir del auto-respeto. El que aprende a
respetarse a sí mismo e internaliza este valor, crea
las bases para su éxito en la vida >>

Ayuda a los niños a desarrollar empatía hacia los demás, consideración con los otros y la capacidad de hacerle fuerte a los conflictos y de negocios, a través del empleo, la dirección y la repetición, ese proceso se facilita al principio en la familia; y se aplica en la escuela.>>

Dónde estoy hacia dónde quiero ir, resistir las influencias negativas que se presenten en su entorno ya sean familiar o social, a decir no y rechazar conductas nocivas para su estabilidad emocional y comportamiento social, a imitar lo bueno y rechazar lo que va en contra de los valores, es muy importante dirigir al niño al conocimiento y valoración de la fe puesta en dios, en la edad ideal para iniciarlo en su formación religiosa

De los 13 hasta los 15 años, se orientará a los niños en valores como el pudor, respeto a su cuerpo y a los de los demás, evitando en lo posible su contacto con revistas, escritos películas y fotos que atenten contra su formación moral y ética, brindándole orientación clara y sencilla sobre sus cambios físicos y el descubrimiento de su propia intimidad.

INTERACIÓN DE ALGUNOS CONTRAVALORES CON EL RESPETO

- Egoísmo
- Incomprensión.
- Desfachatez
- Desigualdad
- Desconsideración

<< La modernidad ha hecho de muchos Jóvenes unos discapacitados Morales. >> **Maytte. Caja de Herramientas para la vida.**

Los sentimientos a los pensamientos, las virtudes del pudor y la sobriedad reconociendo el valor de lo que uno posee para luego utilizarlo bien de acuerdo a criterios rectos y verdaderos, se trata de dar información clara, corta concisa y cambiar de tema, otro valor a tomar en cuenta en esta edad es el de la amistad aprendiendo a seleccionar a sus amigos, identificar lo que no le conviene, la formación de grupos basado en intereses nobles Clubes deportivos, o social comunitarios o de diversión sana, excursionismo, el respeto por sí mismo y por lo demás, los ideales de patriotismo y valoración de su identidad nacional, saber alejarse de personas o grupos que no le aportan nada positivo.

Todo esto llevará al ÉXITO del Futuro Adulto tanto en lo personal como en su desempeño social que sean Hombres y Mujeres Exitosos y No fracasados.

Einstein decía que: "Dar el ejemplo es la principal manera de influir en los demás, es la única". Para formar niños responsables, autónomos y libres, tú como mamá o papá debes implementar disciplina positiva es decir, con valores.

Los niños y Jóvenes siempre te están observando, copiando y aprendiendo de todo lo que realizas, aunque no te des cuenta. Por eso debes ser íntegro y cuidadoso de todo lo que dices y llevas a cabo. Gánate su respeto.

Estrategias para que eduques a tus hijos de Forma Efectiva.

Siembra desde su infancia. La forma de pensar y actuar de tu hijo durante toda la vida se construye en su niñez. En este proceso se cimienta el "edificio" por lo que, es importante que los padres siembren competencias personales y sociales como: comunicación y empatía.

No permitas que tu hijo esté aislado porque lo único que provocas es que no desarrolle su convivencia social, la interacción con los pares y adultos, todo ello va a favoreces el intercambio de puntos de vista, integrarse a grupos, apreciar el trabajo propio y el de los demás, Auto responsabilizarse y aprender a aceptar la propia individualidad y la de otros.

Educación escolar, pero sobretodo en casa.

No es posible que tu hijo alcance un desarrollo pleno de sus competencias intelectuales y emocionales sino es desde la misma educación familiar. En la balanza indica que a la escuela donde acude tu hijo le corresponde asumir el mayor peso de la formación intelectual y a la familia inculcar valores y emociones. Padre Madre cuando te equivoques, rectifica, delante de ellos, revisa las consecuencias de tú error, busca corregirlo y hacerlos conocer, si tienes que pedir disculpas hazlo lo más pronto posible.

Los padres son los primeros y obligados educadores, Animados por el amor, por la piedad hacia Dios y hacia los hombres van a favorecer la educación integral, personal y social de sus hijos.

Predica con el ejemplo.

Tu hijo repite lo que escucha de tu boca pero fundamentalmente, lo que ven de sus padres. Einstein lo tenía muy claro: "Dar el ejemplo no es la principal manera de influir en los demás, es la única". Si le indicas algo y haces lo contrario, tu niño notará que tus principios son frágiles.

Aprende a decir "NO".

Aunque ames a tu hijo sobre todas las cosas, eso no significa que a todo lo que pida debas decir "SÍ" e**ducar en valores** significa marcar límites que permitirán que tu pequeño construya su personalidad. Evita decir "SÍ" para no enfrentar sus frustraciones por una negación. Por ejemplo: Si vas de compra con tu niño y tiene la manía de pedir siempre algún juguete, o golosinas dile que no puedes: "Mi amor, mamá hoy no tiene dinero".

Aprende a escuchar.

La única manera de entender qué desea tu niño o niña es escuchándolos. La empatía es el fundamento para construir una buena comunicación entre padres e hijos.

No utilices este método de entendimiento como un "yo gano-tú pierdes", sino desde la dinámica "yo gano-tú también". Ayúdalos a ser felices con pequeñas cosas, trata de que se exprese sin temor, anímalo a oír, preguntar, responder, discutir, informar. Escuchar y comprender lo que otros dicen.

Es necesario que motives a tu hijo a encontrar la felicidad en pequeños detalles. Desarrolla sus potencialidades desde el respeto a su espacio individual hasta el de los demás.

Progresar y no renunciar.
Uno de los valores que debe conocer, dominar y poner en práctica tu hijo es el esfuerzo propio, la constancia, Si tienes un hijo en etapa escolar debe enfocarse en el presente mirando hacia el futuro.

Optimismo.
Las etiquetas para aumentar las posibilidades de que se cumpla aquello que se pronostica. Solo cuando se es optimista puedes educar hijos optimistas. Por ejemplo, si tu hijo sacó una mala nota en una de sus asignaturas dile que en una segunda oportunidad le irá mejor. Asegúrale que tú estarás disponible para él para ayudarle y guiarle al éxito.

Enséñale a ponerse en el lugar de los otros, Así fomentarás en ellos la consideración, la compasión y la tolerancia, que compartan sus juguetes, su merienda, que apoyen a los más necesitados a los enfermos y minusválidos

Erikson, Erik. Infancia y Sociedad. 12° ed. Ediciones Horma. Buenos Aires, 1993.

El peor acoso o bullying es el que proviene de la propia familia, deja una marca indeleble en el espíritu del acosado.

Mi infancia y mi adolescencia fueron difíciles, porque yo fui de esos que sufrió lo que hoy llaman bullying, tanto físico como verbal.

Ismael Cala

CAPÍTULO OCTAVO

El Acoso Escolar o Bullying y sus consecuencias en la vida del niño y Adolescente

En este capítulo trataremos un tema de gran actualidad y trascendencia en la vida de niños, adolescentes y su posterior evolución a una adultez plena y exitosa.

¿Qué es el Bullying o acoso escolar?

El bullying es el maltrato físico y/o psicológico deliberado y continuado que recibe un niño por parte de otro u otros e inclusos adultos, e incluso padres, familiares o maestros, que se comportan con él cruelmente con el objetivo de someterlo y asustarlo, con vistas a obtener algún resultado favorable para los acosadores o simplemente a satisfacer la necesidad de agredir y destruir que éstos suelen presentar.

El bullying implica una repetición continuada de las burlas o las agresiones y puede provocar la exclusión social de la víctima y conducirlo al fracaso personal social.

Características del Bullying:

- Suele incluir conductas de diversa naturaleza (burlas, amenazas, agresiones físicas, aislamiento sistemático, etc.).

- Tiende a originar problemas que se repiten y prolongan durante cierto tiempo.

- En el caso de la escuela suele estar provocado por un alumno, apoyado por un grupo, contra una víctima que se encuentra indefensa.

- Se mantiene debido a la ignorancia o pasividad de las personas que rodean a los agresores y a las víctimas sin intervenir directamente.

- La víctima desarrolla miedo y rechazo al contexto en el que sufre la violencia; pérdida de confianza en sí mismo y en los demás y disminución del rendimiento escolar.

- Disminuye la capacidad de comprensión moral y de empatía del agresor, mientras que se produce un refuerzo de un estilo violento de interacción.

- En las personas que observan la violencia sin hacer nada para evitarla, se produce falta de sensibilidad, apatía e insolidaridad.

- Se reduce la calidad de vida del entorno en el que se produce: dificultad para lograr objetivos y aumento de los problemas y tensiones.

Tipos de Bullying:
Podemos hablar de varios tipos de acoso escolar que, a menudo, aparecen de forma simultánea:

-Físico: empujones, patadas, agresiones con objetos, etc. Se da con más frecuencia en primaria que en secundaria por lo general.

-Verbal: insultos y motes, menosprecios en público, resaltar defectos físicos, etc. Es el más habitual.

-Psicológico: minan la autoestima del individuo y fomentan su sensación de temor.

-Social: pretende aislar al joven del resto del grupo y compañeros.

Roles en el acoso escolar:
El acoso escolar o bullying se da en un contexto grupal, donde cada uno de los alumnos juega un rol. En una situación de acoso es posible encontrar 3 tipos de protagonistas: el agresor, la víctima y los espectadores que presencian las agresiones (Collell y Escudé, 2006, pp. 10).

El acosador, es quién deliberadamente hace uso de la fuerza para acosar a otro, ante las miradas de los demás, situación que le hace sentirse poderoso (SSAFE, 2010, pp. 40).

Los acosadores raramente actúan solos. Los hay de dos tipos. El primero es el que cuenta con buenas habilidades sociales y popularidad dentro del grupo, puede manipular a los otros para que cumplan con lo que pide, pudiendo enmascarar su actitud intimidatoria. El segundo tipo es que le abiertamente manifiesta una conducta antisocial, intimidando a otros directamente, en muchas ocasiones como reflejo de su propia inseguridad y baja autoestima.

El acosador puede agredir personalmente a sus víctimas, a veces sin ser notado, el comportamiento de sus seguidores, induciendo la violencia y persecución de otros (Fundación Piquer, 2004). Entre las principales características están:

- Temperamento impulsivo y agresivo.
- Falta de empatía con los demás.
- Incapaz de controlar su ira y hostilidad.
- Necesita tener poder y sentirse superior
- Le gusta ser desafiante ante los adultos.
- Pueden manifestar bajo nivel de autoestima.

La víctima o acosado, es quién recibe la agresión sin poder evitarla (SSAFE, 2010). Generalmente se encuentra aislada. Pueden haber dos tipos de víctima: a) víctima pasiva, suele ser débil físicamente e insegura, alguien a quien el grupo percibe como diferente, introvertida, con baja autoestima (a veces como consecuencia del acoso), y; b) víctima provocadora: alguien que suele tener un comportamiento irritante para los demás, incluso los otros pueden provocarle para que reaccione de manera inapropiada y hacer parecer que el acoso es justificado.

Las víctimas de acoso no tienen características homogéneas, pueden ser buenos o malos estudiantes, sobreprotegidos por sus padres por lo que nunca tuvieron una confrontación agresiva. Pueden ser personas diferentes por tener alguna deficiencia física o psíquica, "a veces, sólo ser poseedor de una característica especial (usar gafas, tener orejas grandes, pequeñas, una nariz demasiado grande, ser algo obeso o muy delgado, pequeño o grande para su edad, etc.) puede ser excusa para convertirse en objeto de burlas, desprecio, chistes o agresión física" (Fundación Piquer, 2004, pp. 14).

La víctima, ante la frustración de su situación, puede convertirse a su vez en acosador de otros a los que considere más débiles.

Los espectadores, son los que forman parte del grupo donde sucede el acoso, aunque no participan directamente observan y actúan pasivamente, al responder con silencio complaciente (SSAFE, 2010). De acuerdo a la Fundación Piquer (2004), pueden dividirse entre:

- **Compinches:** Amigos íntimos y ayudantes del agresor. Al ponerse "del lado" del acosador se sienten más fuertes.
- **Reforzadores:** Aunque no acosan de manera directa, observan las agresiones y las aprueban e incitan, les causan gracia e incluso sienten placer al observarlas.
- **Ajenos:** Se muestran como neutrales y no quieren implicarse, pero al callar están tolerando el bullying. Pueden no estar de acuerdo en lo que sucede, pero no confían en que al expresar su desacuerdo puedan ayudar a detener las agresiones, pueden sentir temor de convertirse en víctimas si dicen algo.
- **Defensores:** Pueden llegar a apoyar a la víctima del acoso.

Los espectadores tienen un papel importante dentro del acoso escolar, ya que éste solo ocurre mientras ellos lo toleren. Tienen la capacidad de detener el acoso o de perpetuarlo con graves consecuencias. Cada vez que presencian un acto de humillación, intimidación o agresión a otro, en sus mentes sucede un problema de disonancia moral y de culpabilidad, ya que el acosador les pide sin palabras que aplaudan sus actos o que al menos los ignoren. Ellos son también responsables de esta crueldad, no como agentes pero sí como consentidores (Fundación Piquer, 2004, pp. 16).

De acuerdo con el Manual Didáctico para la Prevención e Intervención del acoso escolar (SSAFE, 2010) las consecuencias del acoso son:

Para el acosado:
- Fracaso y dificultades escolares.
- Alto nivel de ansiedad, sobre todo, anticipatoria.
- Fobia escolar.
- Disminución de la autoestima.
- Cuadros depresivos, que pueden conducir a intentos de suicidio.

- Autoimagen negativa.
- Baja expectativa de logro.
- Desconfianza en las relaciones sociales.
- Indefensión aprendida.

Para el acosador:

- Aprendizaje de una forma distorsionada de obtener sus objetivos.
- Precursor de la conducta delictiva.
- Reconocimiento social y estatus dentro del grupo.
- Generalización de las conductas a otros ámbitos (por ejemplo: en el entorno laboral, en sus vínculos amorosos, etc.).

Para los espectadores:

- Deficiente aprendizaje sobre cómo comportarse ante situaciones injustas.
- Exposición, observación y refuerzo de modelos inadecuados de actuación.
- Falta de sensibilidad ante el sufrimiento de los otros (se produce una des-sensibilización por la frecuencia de los abusos).

¿Crees que el bullying es algo lejano en tu vida? ¿Qué tus hijos tal vez nunca lo sufran? Te equivocas. Este problema es más común de lo que crees y puede que pase desapercibido, por eso sigue estos tips para prevenir el bullying.

Tomen nota papás!

¿Cómo prevenir el bullying?

. Conoce a sus amigos y compañeros de la clase. Pregúntale cómo es la relación que tiene con ellos, como son sus comportamientos, rendimiento e intereses, trata de indagar lo más ampliamente posible.

. Si notas que tu hijo tiene algún rastro de violencia en su cuerpo, pregúntale en privado qué le pasó y hazle sentir confianza para que te pueda narrar lo que pasó.

. No le pidas a tu hijo que resuelva solo el problema y mucho menos con violencia, porque esto, lejos de solucionar.

. Hazle saber que cuenta con tu apoyo y que ante cualquier ofensa acuda con alguna autoridad académica.

. Cuando se detecta un caso de bullying, los padres del niño o adolescente deben trabajar conjuntamente con la escuela para resolver el problema de una forma inmediata.

. Mantente informada de las medidas que se están tomando en la institución para resolver el caso y fija con las autoridades académicas un plazo para saber los resultados.

.Observa en casa a tu pequeño, si tiene algunos cambios en la conducta o en alimentación es importante que te respaldes con ayuda profesional.

. Si el plazo que les pusiste a las autoridades académicas no se cumple y notas que tu hijo no se siente tranquilo, lo mejor es que lo cambies de escuela por su seguridad e integridad propia del niño o niña.

. Mantén discreción de lo que ocurra con el seguimiento del caso, muchas veces pueden cometer indiscreciones que afecten a tu pequeño.

Muchos padres cometen el error de hacer que los hijos continúen sus estudios con tal de no perder el año escolar, pero lo mejor es darle al pequeño la tranquilidad y seguridad que necesita. Todo ello va a repercutir en su desarrollo emocional y estabilidad...

CAPÍTULO NOVENO
LO QUE LA ESCUELA "NO" ENSEÑA

Para finalizar esta obra considerando el análisis minucioso de diferentes programas educativos se pudo diagnosticar que existen varias habilidades que no se están desarrollando a nivel de las Instituciones Educativas y que se hace necesario la participación de la familia si realmente queremos lograr hijos Exitosos y No Fracasados.

Debemos desarrollar habilidades claves como padres en nuestros hijos y que son básicas para su desempeño posterior, entre ellas. Conocerse bien en él

El área física, como emocional, identificación nombre, apellido, familia, padre, madre, abuelos, tíos, primos, padrinos, amigos, ubicación física espacial, país, ciudad, urbanización, dirección, municipio, calle, número, días del calendario, meses, hora.

Habilidad para comprender la naturaleza humana, impulsos, emociones, acciones, sentimientos de las otras personas.

Habilidad de comunicarse con otras personas, conectarse con otras personas, simpatía, confianza, empatía.

Habilidad de interconectarse con otras personas para lograr sus metas y objetivos, solucionar problemas y conflictos.

Facilitarle la comprensión de los principios que rigen una vida de éxitos, disciplina, perseverancia, toma de decisiones, autonomía, creatividad, valentía, confianza, fe.

Desarrollar habilidades específicas para tener éxito en los estudios, que incluyen, organización, responsabilidad, horarios, asesores, conocimiento de las disciplinas, auto aprendizaje, investigación, interés por los estudios. Uso de los recursos para el aprendizaje, uso de la biblioteca.

Habilidades específicas para actuar ante eventos y situaciones extraordinarias, lutos, desastres, dictaduras, secuestros.

Habilidades específicas para protegerse ante agentes del ambiente que perjudiquen su salud física y mental. Epidemias, personas, depredadores infantiles, secuestros, asaltos, invasiones. Contaminantes.

Habilidades específicas para que desarrolle el pensamiento lógico-matemático.

Habilidades específicas para el desarrollo de la comprensión lectora. De ustedes depende, papá, mamá, familia, tener hijos Exitosos o Fracasados.

"Buenos Padres, Mejores Hijos".
Melinda Blau 2000

Alienten a su hijo, ámelo incondicionalmente, ayúdelo a prepararse para la vida, y dele todas las herramientas necesarias para que siga adelante sin usted. Y cuando esté listo, él mundo y todo lo que hay en él lo estarán esperándolo.

BIBLIOGRAFIA

■	BARREA MONCADA, Gabriel Crecimiento y Desarrollo Psicológico. Ediciones Psicopediatrías. Caracas, 1981

■	BEE, H El desarrollo del Niño. Editorial Harla, México, 1975.

■	CORKILLE, D. El niño feliz, su clave Psicológica. Edit. Gedisa Barcelona, 1976.

■	Guía para observar la conducta del niño. Edit. Paidos, Buenos Aires, 1965.

■	HORMANN, BONET y WEIKART Niños en Acción. Fundación High Scope. Caracas, 1982

■	KAMII, C. La autonomía del Niño. UNICEF, México, 1981.

■	KAMII, C y DEURIES, Retha. La teoría de Piaget y la Educación Preescolar. Edit. pablo del Río, Madrid. 1977.

■	Las actitudes pedagógicas de la educación nueva. Grandes de la pedagogía contemporánea. P. Juif / L. Legrand. Nacea, s.a. de ediciones de Madrid p. 57 año.

■	LEWIS, M. Desarrollo Psicológico del Niño. Edit. Interamericano, México, 1973.

■	MAIER, H. Tres teorías sobre el Desarrollo del Niño. Edic. Amorrortu, Buenos Aires. 1971. Psicológica Evolutiva de Piaget. Editorial Kapeluz. Buenos Aires, 1971.

■	PIAGET, J. Y B. INHELDER Psicológica del Niño. Edc. Morata, Madrid, 1977.

- PIAGET, J. (1953 a), The Origins of Intelligence in the child, Londres; Routledge & Kegan Paul.

- PAGET, J. (1953 a), Logic in psychology, Manchester University Press.

- SACADAS, S. y E. Pastor Psicología Evolutiva. Ediciones CREAC. Barcelona, 1981.

- SENSAT, R La educación del niño de 0 a 6 años. Pablo del Río, Editor. Madrid 1980.

- TUCKER, N ¿Que es un niño? Ediciones Morata, Madrid, 1979.

- TRACY HOGG CON MELINDA BLAU El secreto de Educar niños, Felices y Seguros. Erupo, Editorial Norma 2000.

- VIGOTSKY, L. S. (1962), Thought and language, Nueva York; Wiley y Massachusetts Institute of Technology.

SOBRE EL AUTOR

Alexis Bermúdez, **Licenciado en Educación egresado de la Universidad Central de Venezuela**, especialista en Planificación Curricular Universidad Simón Bolívar. Abogacía, Universidad Central de Venezuela e Universidad Andragógica. Maestría Escuela Superior de Negocios, Universidad de Sevilla – España. Magna Cumlauden en Dirección y Gestión de los Recursos Humanos, ha trabajado con niños, jóvenes, docentes y Escuela para padres por más de 20 años desarrollando programas y materiales didácticos, aparte de la actividad directa de formación y capacitación de los mismos.

Publicaciones Realizadas:

1-. Desarrollo de un Modelo Teórico - Curricular sobre líneas de Investigación. Revista Sinopsis febrero 1996 N° 1. Universidad Pedagógica Experimental. Libertador. Caracas

2.- Módulo instrucciones para la Formación de Docentes de Post-Grado Universidad .Pedagógica .Experimental Libertador

3.- Proyecto de Maestría en Política Exterior y Relaciones Institucionales. Instituto de Altos Estudios Diplomáticos de la Cancillería. M.R.E. 1993.

4.- Módulo "Planificación de la Educación Preescolar". Instituto de mejoramiento Profesional del Magisterio. 1990.

5.- Coautor Diseño Curricular "Guía Práctica de Educación" Preescolar Currículo Básico Nacional. Ministerio de Educación. 1988

6.- Programas de Formación Académica para Estudiantes de las Carreras de Educación de la U.PE.E.L 1991-1995. (Área Salud y Nutrición) A nivel de Pregrado.

7.- Programación de formación de docentes. Dirección de Recursos Humanos M.E. Áreas Salud, Nutrición y Desarrollo Psicológico del niño y adolescente.

CONDECORACIONES RECIBIDAS.

Orden 27 de junio 3ra Clase